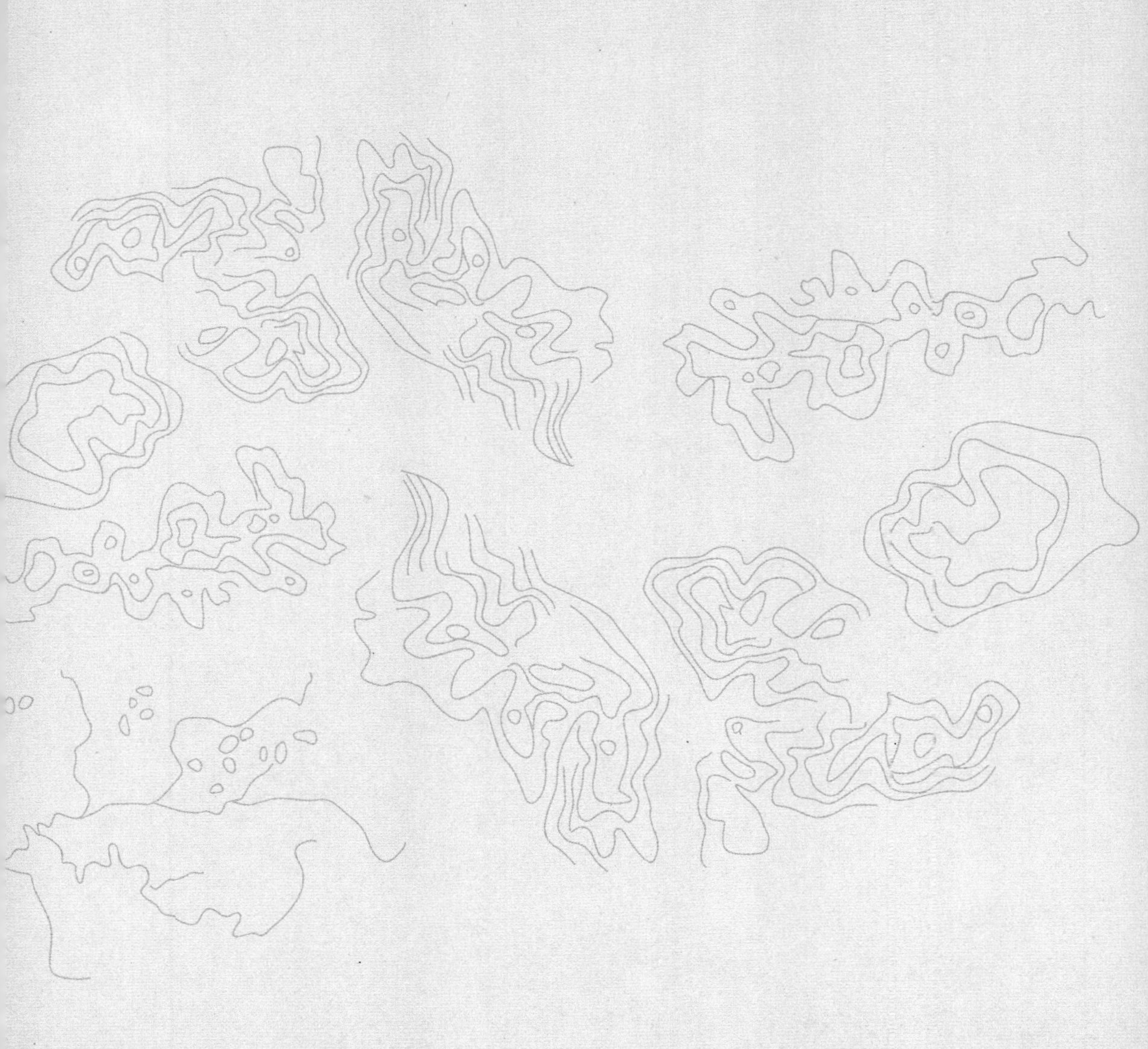

园林文化与管理丛书

公園故事

《景观》文摘珍藏本

崔雅芳　编

中国林业出版社

《景观》杂志

《景观》编辑部电话（010）8841 2859　北京市公园绿地协会电话（010）6873 1008

园林文化与管理丛书

公园故事

《景观》文摘珍藏本

序

有人说，世界是故事的。故事给人启迪，故事使人聪慧，故事伴随着人生的成长。2004年创办的《景观》杂志走过10周年，本身就是一个故事。为庆贺《景观》10周年所辑《公园故事》一书记述了发生在北京公园中的各种故事。

通读《公园故事》一书，给我的第一感觉是历史的沧桑。一块简单的石头、一株普通的古树身上寄牵了无数人的心弦；一座园林历尽沧桑、悲欢离合，终成历史；一座碉楼、一扇古门、一块牌匾、一段园墙，为什么能传声、为什么会改名、又为什么会如此命名？它承载着太多的历史和文化！

这些故事有知识、有趣味，为广大读者提供了一个窗口，一个渠道，使那些关心支持公园行业的人们更加了解公园、了解发生在它们身上的故事。从古至今的政治家、文化名人以及人民群众用他们的智慧和才华赋予了公园鲜活的生命，使公园拥有了深厚的文化底蕴。读这本书不仅能使您获得知识，增长兴趣，亦能让您在劳顿之余轻松一把。

紫竹院公园建园之初并没有紫竹，然而又为何称其为紫竹院呢？昆明湖畔的铜牛和湖对面的耕织图碑刻与牛郎织女的故事有多少渊源呢？天坛公园的古稀门首创于乾隆皇帝，但真正走过此门的却有几人呢？在如今佛香阁位置上曾经修建过一座塔，最终却倒掉了，然而乾隆皇帝为什么没有责罚众人，而是在原址修建了现今的三层八面木阁呢？一个看似普通的竹儿居然引出广西一个叫思陵的韦姓村落，他们确实是韩信的后人吗？北海公园“镜清斋”为何更名为“静心斋”？北京植物园内的碉楼群难道是古代战役的训练基地？……读了

《公园故事》也许能给你一个满意的答案。

公园的故事在继续，《景观》也进入了它的第十一个年头，为了更好地服务读者，服务整个行业，《景观》杂志的主创人员跃跃欲试，期待编辑更多的故事，以迎接更具辉煌的下一个十年！

我衷心地祝贺《景观》杂志越办越好，期盼公园里的故事越来越精彩！

原北京市公园管理中心党委书记

2014年7月

前　言

随着社会经济发展和人民生活水平的不断提高，大众对居住周边的环境质量要求也越来越高。尤其是近年来雾霾天气增多，大气污染严重，城市人群又生活在相对狭小的空间里，他们就更加渴望呼吸新鲜的空气、放松疲惫的身体。进入公园，尤其是那些风景优美兼具历史文化的公园，对长期居住在钢筋混凝土中的人们来说，不仅是身体上的放松，更是精神上的享受。在这些公园中有相当一部分是具有悠久历史的名园，在他们身上蕴藏着许许多多的故事，这些故事给本就丰富的园林景观增添了更多神奇色彩与历史底蕴。

今年恰逢《景观》杂志创刊十周年，我们将这十年来描写北京名园中那些鲜为人知的故事整理在一起，形成《公园故事》这本书。既是对《景观》杂志十周岁生日的庆贺，更是对读者的奉献。书中的故事或讲述一位名人与一座名园的过往；或告诉你发生在一棵古树身上的故事；或叙述一个园子的历史；或阐述一个神奇建筑背后的科学知识；或探寻一座公园与北京城的关系。对照上述，我们将他们分类于“名人名园”“园林物语”“古园忆往”“园林探秘”和“漫话古城”五个部分。每个部分各自独立，读者可以根据自己的兴趣优先选择栏目来阅读。

这些文章讲述了北京名园中众多有趣的故事，将带您进入一个多彩的、有趣的、神秘的、智慧的园林世界。或许能让您在读过之后更加热爱这片饱含着历史文化的沃土！

本书在编写过程中，得到了北京市公园绿地协会各位同事的大力支持，在此表示衷心感谢！由于编者水平有限，书中不妥之处在所难免，恳请同行专家和读者批评指正。

编者

2014年7月

目　录

古园忆往　077

园林探秘　115

园林文化与管理丛书

名人名园

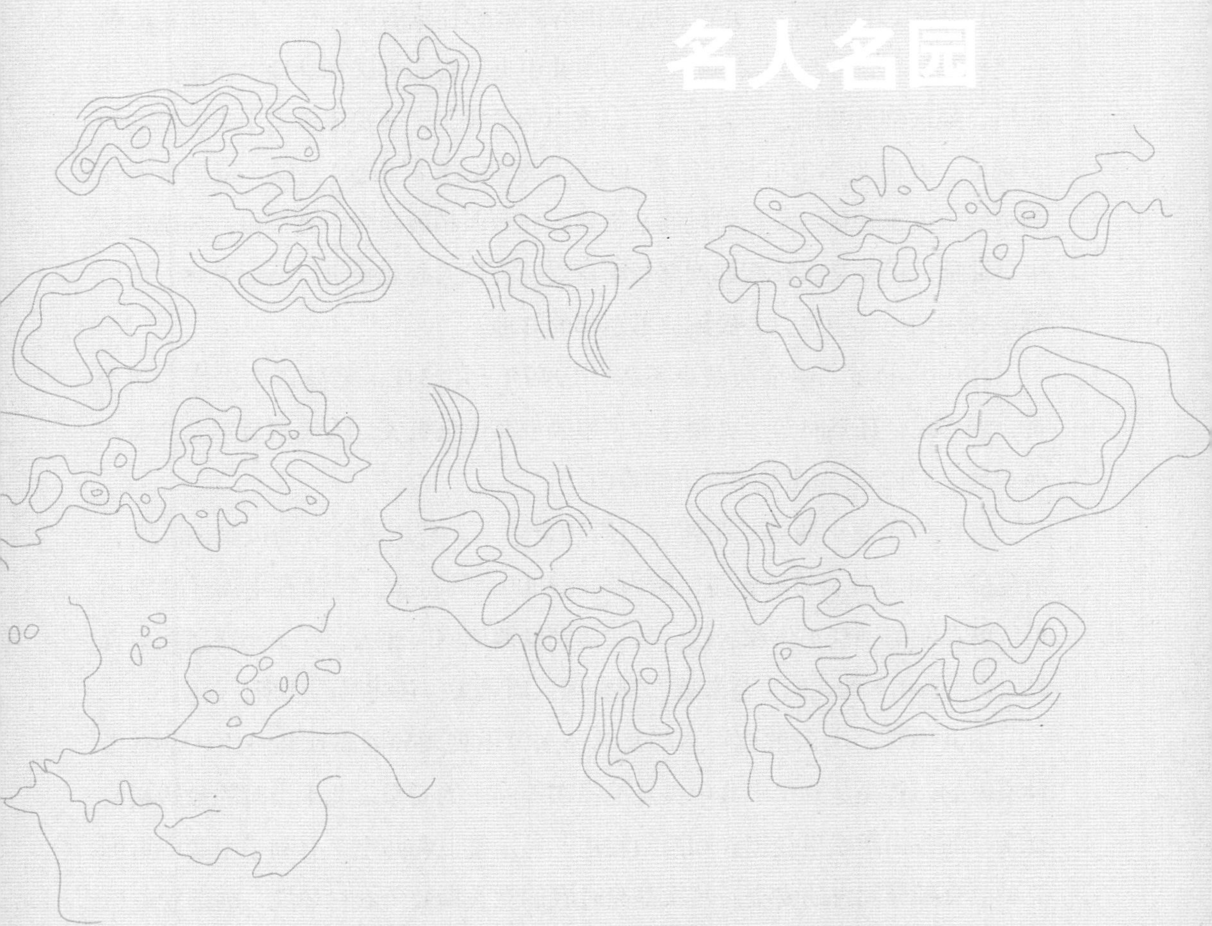

毛泽东主席进驻香山

1949年1月19日，中央直属机关供给部副部长范离等一行，离开西柏坡前往北平西郊（当时西郊已经解放），为中共中央迁到北平选择驻地。范离到达北平后，经过细致的调查研究认为“以香山为适宜”。他提出确定中央驻地的初步意见，并向北平市市长叶剑英（当时住颐和园）汇报。1月底，范离带着叶剑英给中央军委秘书长杨尚昆的亲笔信，回到西柏坡向党中央汇报。为确定党中央驻地，中央又派社会部副部长李克农一行13人赴北平进行全面考察。最后确定香山为中共中央、人民解放军总部的驻地。

在中共七届二中全会结束不久，1949年3月23日，毛泽东、朱德、刘少奇、周恩来、任弼时等中央领导同志率领中共中央机关、人民解放军总部离开西柏坡，3月25日到达北平，进驻香山。

香山位于北平西郊，距西直门约20余千米，是历史悠久的风景名胜区，清乾隆年间被命名为静宜园，园内约有3000余间房屋。毛泽东主席迁驻香山后，就在双清别墅工作和居住。从双清别墅西侧门向北去，一条小路通往来青轩（位于香山寺的北侧）是朱德、刘少奇、周恩来、任弼时的住所。

中共中央、人民解放军总部及毛泽东等中央领导同志迁驻香山，是有多种原因的。首先是确保中共中央及毛泽东等同志的安全。北平当时的敌情相当复杂，而香山距城里较远，和西山相连，易于警卫和防空，有利于中共中央机关和中央领导同志的安全。其次是当时我们党长期处于农村环境，缺乏管理城市的经验，由于形势的迅速发展，必须很快转入城市，并由城市领导农村。这样，从思想到生活，都需要有一个逐渐熟悉情况、学习经验的过程。三是北平城内傅作义的军事机关尚未撤完，房屋极为缺少，且环境复杂，城内暂不适合

◎双清之秋

作为中共中央驻地。而香山内有3000余间房屋，适合中央机关及毛泽东主席等中央领导办公。

因此，香山就成为中共中央及毛泽东主席等中央领导迁驻北平时的最早居住和办公的地方，成为党中央指挥人民解放军向全国进军、解放全中国和筹建新中国的指挥部。1949年6月15日，毛泽东下香山到中南海，开始在香山、中南海两地办公。9月中旬迁居中南海。

毛泽东在香山期间领导全党收拾山河，重整乾坤，约见民主党派负责人和无党派民主人士，筹备新的政治协商会议。为恢复生产、发展经济，提出了公私兼顾、劳资两利、城乡互助、内外交流的经济政策。

毛泽东在香山运筹帷幄、决胜千里，指挥了著名的渡江战役。在双清别墅的六方亭内，他手持指挥解放南京的捷报，挥笔写下了“宜将剩勇追穷寇，不可沽名学霸王”的伟大诗篇。

毛泽东在香山期间发表了许多重要著作。中共中央在香山期间，正是中国历史的重大转折时期。因此，在政治、军事、经济、外交、文化等方面都需向世界阐明中国共产党的主张。为此，毛泽东在香山双清别墅写下了不少文章。从1949年4月初至9月中旬，毛泽东写出了《南京政府向何处去？》的评论；《向全国进军的命令》《中国人民解放军总部发言人李涛为英国军舰暴行发表的声明》《在新政治协商会议筹备会上的讲话》《论人民民主专政》《丢掉幻想，准备斗争》《别了，司徒雷登》《为什么要讨论白皮书》《友谊，还是侵略？》《唯心历史观的破产》等重要文章。

毛泽东在香山，在历史转折时期领导全党完成了历史赋予的伟大任务，因此，香山在中共党史和中国革命史上占有重要地位。毛泽东和他的战友在香山日理万机，多方运筹，忘我工作，终于迎来了中华人民共和国的诞生。

文 /王来水、王洪新

（原中山公园书记、原北海公园琼岛书记）

溥心畬与颐和园

溥心畬（1896～1963年），本名爱新觉罗·溥儒，字心畬，号有西山逸士、旧王孙、松巢、羲皇上人等。他系道光皇帝的曾孙，咸丰皇帝的侄孙，同治及光绪皇帝的侄儿，宣统皇帝溥仪的堂兄，恭亲王奕䜣之孙，贝勒载瀛次子。早年生活优越，受过良好的教育。他幼而好学，聪颖过人。四岁始读《百家姓》《三字经》《千字文》等启蒙书籍；六岁入私塾读《论语》《孟子》等经书；七岁开始读六朝文及唐诗，并学作五言诗；十岁作七言诗；十一岁始作论文。与此同时，还学书法。始学篆隶，次北碑、王羲之正楷，兼习行草。十二岁时，先习大字以增腕力，并习双钩古帖以练提笔，日习家藏晋唐宋元墨迹，日夕吟习，从未间断。由于少时接受了良好的传统教育，再加上自身的天资与勤奋，溥心畬便成为我国20世纪40年代著名的王孙画家。

溥心畬不仅是著名的王孙画家，而且还是一位诗人和一位书法家，是位诗、书、画三绝于一身的文人画家，时人称颂他是“好诗、好书、好画”三绝的一大家。可以说他是继王维、苏东坡、文徵明、郑板桥之后的诗、书、画三绝者。

溥心畬之诗，古体宗汉魏，近体宗盛唐，更近于杜工部，故诗境苍凉、沉郁、寂寥。伤别之情，身世之感，溢于行间。其早期诗作带有华贵之气，后又有苍凉之感，不过仍有大量清新俊逸、颇受赞誉之诗。他的词不循一家一派之法，多为小令，清新自然，情真意切，雅近五代北宋之风韵。他的书法，学王羲之、米芾，兼得王、米的韵趣，雅兴挺拔，疏落有致，笔势流畅，气韵连贯。其而立之年才开始学画，无师自通。他自道：“并没有拜过师，只是兴致，独自弄笔，慢慢悟出来的。”当年，他所生活的王府中，所藏各画真迹，十分丰富，可供他潜心研阅，揣摩浸润，常年孜孜不倦，终成一代巨匠，名满宇内。

他的画路很宽，无所不包，无所不精。山水、人物、花卉、禽鸟家畜、草虫、蜂蝶、梅兰竹菊，皆能入画。所绘之画，浓而不艳，淡而不薄，笔墨典雅，融和无间，流动飞舞，满纸鲜活，千姿百态，生趣万端，一片神韵，“真是一花一蕊一世界，充满神机，到了‘画者化也’的境地”。其中，最为人们称道的是他的山水画。笔墨腾绰，变幻多姿，风华淡雅，悠然意远，风情万种，余味无穷。难怪有人说溥心畬笔下的四季山水，大有北宋画派的韵味：“春山如笑，夏山如滴，秋山如妆，冬山如眠。”这些情景值得我们去意会领悟，不然，就难以体会其山水画是“他绘画生命中的主科”这一深刻含义了。画家于非闇曾将溥心畬的山水画与张大千的山水画相对照，说：“一个是乱头粗眼写山水，一个是雍容富贵写山水。”还说：“张八爷（张大千行八）是写状野逸的，溥二爷（溥排二）是图绘华贵的，论入手，二爷高八爷；论风流，八爷未必不如二爷。”当时还有人评论：“海内以画名者众矣，求其天分高，而工力深者，当首推张大千、溥心畬二家……张溥二家取经不同，未易轩轾。大抵心畬高超，而大千奇古；心畬萧疏，而大千奔放。”由此，“南张北溥”之说不胫而走。

溥心畬生前与颐和园有一种特殊的关系，在同一代的王孙中，他来颐和园的次数最多，居住的时间最长。因此，他与颐和园的感情也最深，即便到了台湾（1949年10月），忆旧、怀乡之情愫常常流露在其诗中。尤其是每逢中秋节或重阳节，北望京华，常忆起西山的戒台寺、香山、卧佛寺、大觉寺、玉泉山以及颐和园等处，更是思念亲人，写了不少诗词。譬如《八月感怀》《忆西山松》《庚子中秋元月》等。其在《八月感怀》里写道：

已近清秋节，兵烟处处同。
山河千里月，天地一悲风。
兄弟干戈里，边关涕泪中。
京华不可见，北望意无穷。

诗中所表现出的浓浓思乡之情是不言而喻的。

溥心畬第一次进颐和园，是在他5个月大的时候。当年，他出生3日之时，光绪皇帝赐名“溥儒”。5个月时，光绪皇帝赐予他一品顶戴，由祖父恭亲王奕䜣抱着他入朝到颐和园谢恩。溥心畬第二次到颐和园是1898年，即光绪二十四年四月初十。是年，溥心畬的祖父病逝，在办完祖父丧事之后，他随父兄进颐和园排云殿谢恩，光绪皇帝赐以金帛，面谕：“汝名儒，汝为君子儒，无为小人儒。”后来，他在《感兴》一诗中写道：“我生之初蒙召见，拜舞会上排云殿。”指的便是上述两次去颐和园觐见之事。

溥心畬第三次来到颐和园是光绪皇帝二十九年（1903年），时年8岁。那个农历初十，是慈禧太后的寿诞日，溥心畬随家人到园中给慈禧太后祝嘏。当时园里满是祝嘏的王亲贵胄。那日，慈禧太后兴致很好，看着方面大耳、聪明伶俐的溥心畬，竟把这位王孙抱在膝上问：“听说你会作对联？”溥心畬点点头，好像未加思索似的，顺口就说出一副五言祝寿联：“龙光腾剑起，凤池起琴音。”联句大气文雅，慈禧太后听后非常喜欢，连声称赞他为“本朝神童”，赏给他文房四宝。于是，溥心畬神童之名不胫而走，满朝文武官员无不称道，对他刮目相看。

溥心畬第四次进颐和园为光绪三十一年（1905年），当时他已10岁。农历七月二十四日是他的生日，由嫡母赫舍里氏带领他前往颐和园觐见慈禧太后。年逾古稀的太后，依然很有威仪。但一见王孙溥心畬至此，便露出慈祥的笑容，拉着他的手问道：“读什么书呢？”溥心畬回答说：“读《诗经》。”太后听了非常高兴地说：“赋一首万寿山诗吧！”心畬眼球一转，想到殿外碧波荡漾的昆明湖和天上缥缈的白云，便很快地吟出：“彩云生凤阙，佳气满龙池。”此句诗对仗工整，气象宽宏，太后听了大为赞赏，勉励他好好读书，将来为大清江山做一番事业。于是，太后除赐他福寿字外，还叫宫女捧出四盘生日礼物：一柄玲珑的玉如意、十锭一两重的金元宝、十锭一两重的银元宝，此外，还有珍珠玛瑙各若干。这些赏赐，溥心畬视为至宝，一直珍藏着。遗憾的是，1948年，他南游之际未能携带在身边，就此永别了故都。

三十余年后，“卢沟桥事变”爆发，日本侵略者占领北平后，为粉饰太平，寻找和物色社会上层人士入伙，装饰其门面。溥心畬的知名度及王公贵族的身份，使其成为日寇拉拢的重点对象。当时，日本驻华北特务头子土肥原曾

◎颐和园佛香阁

多次上门拜访溥心畬，邀请他主持华北文化工作，并以高官利禄相许，溥不为所动。日寇见文的不行，便用威吓和扬言暗杀相威胁，但溥心畬终究没屈服。为表决心，拒任伪职，他与家人搬入万寿山介寿堂居住，直到抗战胜利。这是他第五次，也是最后一次来颐和园了。此时溥心畬已44岁。

从1939年（有的说是1938年）到1947年底，溥心畬在颐和园中居住了8年之久。在这8年期间，除1946年11月去南京参加"制宪国民大会"和办画展外，他大部分时间在园中绘画、作诗、写词，内容多是颐和园及玉泉山盛景。同时还收藏金石，埋首著述，先后著有《秦汉瓦当文字考》《陶文释义》《吉金考文》《汉碑集解》等。此外，还写《溥心畬自传》一篇及其他各类作品集。有时，他还去玉泉山、香山、卧佛寺、凤凰岭、大觉寺等地游览，这些地方既是他彩笔描绘的自然对象，也是他睹物伤情、对景怀人、泼墨挥毫的对象。他不仅绘出了许多栩栩如生、令人称绝的山水画，而且还抒写出令人赞叹的诗词和楹联。据不完全统计，他生前撰写诗词二百余首（除画上题诗外），楹联百余副，绘画千余幅，每幅画均有题诗或对句。其中，歌咏颐和园的诗词约有二十余首，楹联十余副，绘画二十余幅。

下面将其歌咏颐和园的主要诗词（包括画中题诗）略加分析，以飨读者。

首先，描写颐和园湖景和抒写湖上感受的很多，仅举两例。其一《天仙子·昆明湖上》：

常乐钟声何处听，无限江山窥镜影。
冰轮一片落瑶台，涵虚境，清凉景，天上人间谁记省。
湖色沉沉烟欲暝，丹桂飘香空外领。
嫦娥此际不胜秋，金风动，云鬓冷，碧海秋天愁夜咏。

全词流露出一种哀伤的情调，充满着失意和惋惜的情怀。他虽是乘兴游湖，但心中却不免别有情怀。想到的是大清江山易帜的命运，昔日的繁华，今已不在。“长乐钟声”再也听不见了，“无限江山”只能成镜中影，甚至那人间“瑶台”和人间仙境般的颐和园，也失去了往日的魅力和美艳，变得黯然失色。连婵娟中的嫦娥也在碧海青天中哀愁起来。总之，这时的溥心畬面对此情此景，怎能兴奋得起来，其心中的哀痛和郁闷，全部倾泻于词里。

其二《踏莎行·咏河西柳》：

冷月湖天，碧云津渡，秋光乱点愁无数。
欲将攀折向西风，别离那管人归去。
倚镜残妆，凌波微步，年年颜色娇如故。
龙舟凤舸不重来，为谁绿遍河西柳！

一个秋天的夜晚，溥心畬乘船来到石舫北面一段水道（亦称小苏州河）赏月，船经河西，见到一种花似红蓼、颜色偏紫、叶如苜蓿的植物，丛生湖畔。一串串盛开的小花，好像累累紫珠一般，使他蓦然想起一件前朝的往事。那是光绪年间，慈禧太后游览昆明湖，见到湖滨生长出茂密的紫红花朵，问是何花。随行太监也不知是什么花，仓皇间只有随口回答“河西柳也”。从此，人们就把这种花称为“河西柳”。如今，江山别属，人事皆非，当年慈禧太后的龙舟凤舸已不存在，不免引起溥心畬一阵阵伤感、喟叹，于是就赋出上述一词，流露出一种“流水落花春去也”的无奈之情。

◎颐和园石舫

其次溥心畬在颐和园中的岁月里，既有烦恼的一面，也有闲适放逸的一面。月夜泛湖、赏月和猎野鸭，是他园居生活中最大的乐趣，兴趣来时，便挥毫赋诗作词，或弹三弦、月琴作乐。

如他写的《巫山一片云·昆明湖秋荷》《拂霓裳·昆明湖月夜》和《点绛唇·昆明湖作》等。首先，让我们欣赏《巫山一片云·昆明湖秋荷》一词：

水殿云光净，萧条太液风。
镜中愁绝采芙蓉，冷落怨秋红。
翠盖摇明月，余香散碧空。
宫娥无復卷帘拢，玉露滴梧桐。

其次，再来欣赏一下《拂霓裳·昆明湖月夜》：

暮秋天，石坛松影碧光圆。
空际外，几声新雁破孤烟。
落霞明镜里，华月彩云边。
故宫前、庆唐尧，犹忆太平年。
琼楼缥缈，天上此夜清寒。

惊岁晚客中，容易损朱颜。

筝销金粟柱，露破水晶盘。

正凄然！送清波，依遍玉阑干。

最后，再来品味一下《点绛唇·昆明湖作》：

辇路斜阳，西风冷落芙蓉苑。

管弦声断，犹自非清怨。

寂寞雕阑，玉露零瑶殿。

秋云如练，况复开边雁。

上述三首词，均是写昆明湖的，又都是写秋景的，不过所不同的是：第一首写昆明湖中的荷花；第二首写昆明湖的月夜；第三首写晚秋中的芙蓉苑。词句清新流畅，华丽婉约，情浓意远，柔媚绵绵。每一首词都是一幅秋天的画卷，可谓“山明水净夜来霜，数树深红出浅黄”“明月松间照，清泉石上流”。但在这些词中还是流露出点点哀愁，缥缥缈缈。不过读起来，不像前面的那两首词让人感到压抑、悲伤、哀愁。总的看来，此三首词是以抒情为主，反映了溥心畬在园中生活情趣的一面。

此外，溥心畬在颐和园所写的诗词中还有一些睹物怀人、寄托思念与赞颂忠贞之士的内容。譬如《采湖中凌霜菜寄章一山左承》一首五律：

草木承恩泽，犹知守岁寒。

只宜灵沼种，真合腐儒餐。

汲水求金井，盈襜荐玉盘。

孤臣在津浦，远寄碧琅玕。

此诗作于深秋。这个季节既易于引发伤感，又颇能抒发感慨，尤其像溥心畬这种身世的人。此时，昆明湖中有一种名为“凌霜菜”的植物，它虽然是一种水生野菜，但却像菊花和松柏一样，经得住严霜的考验，是一种君子节操的象征。溥心畬于湖上看到这种野草，油然想起年近八旬、始终效忠于大清王朝并为之作出贡献的章一山和陈苍虬，为此，他特别采了一些“凌霜菜”并赋了上述诗，一同遥寄居于天津的章一山，以示怀念、敬仰和赞颂。

另有一首画中题诗，也是睹物思念往事，抒发感慨的诗：

太液惊波起，秋风满上林。
如何赋禾黍，遗恨遍江浔。

一次，也是深秋，溥心畬沿着昆明湖东堤，向十七孔桥方向缓步前行，从堤岸的杨柳婆娑下隔湖遥望万寿山上巍峨的佛香阁，宛如仙境一般，这与从排云殿前俯瞰的景色大不相同。于是，他想起当年光绪皇帝曾奉慈禧太后之命在南湖岛北端涵虚堂前（涵虚堂与佛香阁，一南一北正好相对）校阅水上兵操一事，眼前立刻浮现出舳舻往来、波涛汹涌的壮阔景象，心头也如荡漾的湖水一样，便以佛香阁为主题挥毫绘就出一幅《昆明秋色》，并顺手题了上面那首诗。此画比他往常所画的昆明湖景致更加写实，亭台楼阁，富丽宏伟，在远峰飞瀑、层峦叠嶂和丹枫老松的衬托掩映下，已化成另一种情景。之所以如此，从诗中可以感触到溥心畬心头的沧桑之变隐痛。一句“如何赋禾黍，遗恨遍江浔”，便可了然。

溥心畬先生于1963年11月18日逝世于台湾。他生前虽说是清室贵胄，但给人们的印象却是一介书生，一位文学艺术大师，一位高意境、高造诣、高道德、高修养、有旷代才气的艺坛大师，他的成就与贡献是中华民族的骄傲。至今，溥先生的德艺双馨仍被人们特别是被画界的丹青妙手所敬仰和称颂，交口称赞他是位集“好诗、好书、好画”三绝于一身的艺术大家。

文 /唐润
（首都师范大学教授）

梅兰芳在香山的故事

香山“梅石”

在香山公园香炉峰之东的蛤蟆山峰上，有一块天然巨石屹立，恰似一块石碑，上面篆刻着一个两米见方的“梅”字，左下方刻有“兰芳”两个小字，右下方刻有题记。说起这块石刻，还有一段趣闻。

早年，梅兰芳在香山有一座别墅，在松柏掩映的半山坡上，环境优美，清雅静秀，称“雨香馆”。1922年初春，正当春光明媚，柳丝泛青的春游季节。他与住在香山的友人——他的琴师王幼卿、诗人李释堪、学者齐如山及肃紫亭五位相约，结伴登山踏青。一路上，他们一边观赏春色，一边谈笑风生，自有一番乐趣。五人时而携手攀登，时而依石小憩，不觉登上了蛤蟆山峰。这里山高峰险，无路可通，是个游人罕至之处。但见乱石嶙峋，蓬草丛生，众人登高远眺，西郊三山五园，尽收眼底，更加令人心旷神怡，文思泉涌。又见山顶有一巨石挺立，犹如石碑，向着山下的这面平整光滑，犹如碑面。这时，齐如山倡议说：“我们与兰芳五人幸会甚是难得，今又登上这游人罕至之山峰，更添情

◎梅兰芳题记石刻

致，何不在此天然石碑上刻字题书，以志纪念。”此议立即得到同仁们的拍手赞同。这天大家尽兴而归，同至雨香馆，一致推崇梅兰芳题字。梅先生再三推辞不过，感到盛情难却，于是挥舞大抓笔写出了一个颇具艺术格调的“梅”字。字体工整刚劲，别具一格，博得了众人的一致称赞。随后由齐如山操办，随即雇请工匠刻石，并亲自监制。

时隔不久，在那块巨石上即出现了偌大的石刻“梅”字。因字体太大，字划刻成槽型，随后又在左下方雕刻了小字体的“兰芳”和题记。那个“梅”字，当时还涂了白漆，巨大醒目，使游山之人，不必登上山峰，老远就能望见了。谁知因为这个“梅”字，又引出了一段梅先生在香山义演的故事。

香山义演

自20世纪20年代始，熊希龄先生在香山公园搞慈善事业，他在园内办了一个慈幼院，以收容无依无靠的孤儿为主，管其温饱，供其学习，经费主要靠社会各界募捐。据说爱国将领冯玉祥将军曾为慈幼院捐献了四万元之巨款。

熊先生当时主持香山公园，住在双清别墅。这里与梅兰芳的雨香馆相距不远，熊与梅又是至交好友，往来频繁。这天熊先生在园内散步发现了巨石上的“梅”字石刻，认为必是梅兰芳所为，内心不快，但又一思忖：眼下慈幼院经费正紧，梅兰芳也一向热心慈善事业，何不以此为把柄，让他搞一次义演，解决一笔经费来源。于是，他又转怒为喜了。

其实这事可冤枉了梅兰芳！因为梅先生虽然蜚声中外，但他从不爱宣传自己，这次只知道刻石留念，殊不知将这个“梅”字刻得如此巨大。这日熊希龄来访，一坐下就开玩笑道：“好啊！不经公园主人许可，擅自在园林胜迹刻字，如何解释？”梅兰芳经此一问，方觉欠妥，连连道歉：“请熊公见谅。”熊先生说：“石上刻字，木已成舟，即使认错也无法弥补，干脆罚你搞一次义演，其收入捐赠慈幼院如何？”梅兰芳听说是为慈幼院的孩子募捐义演，便欣然同意了。

梅兰芳要在香山义演的消息不胫而走，人们奔走相告，谁不以能一睹梅兰芳的演出为一生中的幸事？而慈幼院的学生们更是欢呼雀跃，因为演出地点就在“风雨操场”，这是学生集会、上操的地方，前面有一个简易台子，有个大棚子可遮风挡雨。这天晚上，学生早已整队在操场等候了，附近村庄的群众也闻讯而来。晚上，梅兰芳就在这个简易的操场上，做了一次颇有意义的演出。这位艺术大师并没有因为“剧场”与“舞台”的简陋而草率、敷衍，而是以他精湛的演技和娴熟优美的唱腔，演出了他的拿手好戏《宇宙锋》。当时的观众，除慈幼院的学生和附近的农民外，就是住在公园内别墅中的社会名流、达官贵人，那些有钱人，在这种场合下，为了顾全面子，只得忍痛解囊。所以，观众虽少，收入甚巨，演出义捐达11000元，梅先生将钱款全部捐赠给慈幼院，为孤儿们办了一件有意义的事情。后来，人们一提到那个“梅”字就开玩笑说：“那个‘梅’字不便宜，价值一万一！”

梅兰芳墓

在香山公园北门外的万花山下，有一片树木葱茏、清静幽雅之处，那就是梅兰芳先生的墓地。它位于山凹处，前面是一条雨季流水的山沟，背后是群峰环抱的山峦。从山脚沿台阶拾级而上，是一块山坡上开出的平坦之地。沿着两行古柏夹道的石子路走到尽头，便是一座形如巨大影壁似的汉白玉墓碑，上面篆刻着五个镏金大字“梅兰芳之墓”。底下是他的生卒年月，碑前用花岗岩铺砌的高台中心，有一个梅花形的石雕，下面即长眠着伟大的艺术巨匠，一代京剧宗师梅兰芳先生。他的夫人也和他同穴并葬。

这墓地是梅先生生前选择的。当年他住在雨香馆时，常常在这一带散步。当他闻知此山名叫万花山时，兴趣倍增。因为梅先生字畹华，与此山同音，他便有意选择这里作为他生命归宿之处，这块依山傍水、幽静清雅的山坡，后由梅夫人为他买妥了，作为他的墓地。1961年8月梅先生逝世后，遵照他的遗嘱，将他葬于此处。1979年梅夫人故去后，也安葬于此处。从此，风光迷人的香山，又增添了一处令人敬仰的旅游胜地。

文 /董梦知

（《景观》杂志通讯员）

乾隆与太庙景观

乾隆皇帝在清代十位皇帝中最具有传奇色彩，他还具有良好的文化底蕴、政治才能和艺术天赋。他25岁即位，89岁逝世，整整做了60年皇帝，一生显赫至尊，晚年五世同堂，是中国在世寿命最长的皇帝。儒家传统文化已经深深地融化在他的头脑和血液当中，使他能够对传统文化中重要的组成部分——祭祀活动，特别是对祭祀祖先非常重视，十分谦恭。每次祭祖他都亲力亲为并极为认真地履行祭祀的礼仪程序。据统计，乾隆在位期间，共到太庙祭祖76次，祫祭59次，共达135次之多。不仅在太庙留下了很多足迹，同时也给太庙留下了美丽的景观。

乾隆与太庙之一：修缮悠然成美景

据史书和清朝档案记载，乾隆在位时曾多次修缮太庙。在继位之初，乾隆即下谕："国家式崇太庙，妥侑列祖神灵，岁时祗荐明禋，典礼允备隆重。今庙貌崇严而轩[illegible]榱桷，久未增饰。理应敬谨相视，慎重缮修，以昭黝垩示新之敬。"这段话的大意是：邦国和家族历来十分重视太庙祭祖，妥善地供奉着列祖列宗的神位，每年按照规定的时间荐新和祭祀，典章和仪式应当隆重。现在太庙的样子十分高大庄严，但门窗椽子很久没有油饰了，应当尊敬和谨慎地看待，慎重地进行修缮，用来向祖先表示尊重。在这种思想的指导下，乾隆二年（1736年）即对太庙进行了一次大规模的修缮，历时4年才完工，使已经300多年的太庙面貌焕然一新。

乾隆下令引水太庙戟门玉带河、增设汉白玉栏杆是扮靓太庙风光的点睛之笔。太庙大戟门是明初修建的，戟门前的一条弯弓似的河道贯穿东西。桥上有七座石桥。这些石桥是皇帝和王公大臣们祭祖必经的路线。但当初桥下并没有水，是象征性的河流。而且桥上也没有栏杆，显得有些朴实的简陋。乾隆二十三年（1758年），乾隆下令设立内务府总理工程处，负责勘测、设计、修建宫殿、苑囿、热河行宫等重大工程。朝廷对皇家建筑的修缮陆陆续续地进行。这一年的一件大事是乾隆继续派兵进军天山两路，平定大小和卓木叛乱。乾隆二十四年（1759年）七月，清军继续扫除大小和卓控制的地区，并杀掉了这两个叛军首领，天山南北路实现了安定。平定回疆的军事行动结束之后，乾隆二十五年（1760年），朝廷对太庙进行了一次全面的修缮，新开了寝殿通往太庙的东西两个侧门。这年正月，在午门受俘。受俘之前，照例告祭太庙。来到太庙，乾隆发现多次修缮的太庙规整辉煌，但他对玉带河很不满意。一是因为河中无水，是干沟，是一种缺憾；二是桥上没有栏杆，很不美观，更是美中不足，与金碧辉煌的大戟门和太庙享殿十分不协调。于是，他下令从金水河引水，流经玉带桥下，流入玉带河。乾隆二十八年（1763年），他又下令将玉带河七座桥和26块汉白玉栏板及望柱进行拆改，增加了288块栏板和望柱，增建了两座水闸，使玉带河在雨季能够流水充盈，玉带桥因为有水而增加了灵气，愈加美丽。

乾隆与太庙之二：御制诗文绘美景

乾隆是中国写诗最多的皇帝，一生共写诗四万多首，甚至超过了唐代两千多位作家所有的作品。在这些诗作当中，有许多是描写优美景观的。其中也有不少是描写太庙景观的诗，现代人不太好懂，举个例子并作翻译。

《孟秋时享太庙》：

玉斗回旋屈指庚，金舆凤驾紫鸾鸣。
裔皇礼乐陈清朝，[illegible]缦云霞焕宝楹。
陟降俨临神鉴赫，显承佑启泰阶平。
礼成肃穆瞻霄汉，何限依迟霜露情。

（乾隆庚申御笔）

这首祭祖诗写于乾隆五年，即1740年，为秋天的第二个月到寝殿进行名为“时享”的祭祀祖先的活动所写。内容是用诗的语言记录了到太庙祭祖的大致过程和心情。大意是：扳着指头计算时间，很快到了秋天该祭祀祖先的时候了，乘坐的豪华车辇上的铃铛清脆地响着，闪着好看的色彩的礼乐队伍陈列在清晨的路上，太庙缠绕着云霞般美丽的帷幔，我走上台阶又走下台阶，庄严地在铜镜前整理自己显赫的仪容，把祭祀的祝版高高地举过头顶，小心地保护着并轻轻地打开向祖先展示，虔诚的心境使我觉得高高的台阶也变得平坦了，祭祀的礼仪完成以后神情肃穆地仰望着焚烧玉帛而直冲云天的青烟，心里想着：祖先对我的赐福一定会大大地超过我这微不足道的祭祀之情。

乾隆皇帝所写的这首祭祀祖先的诗，应当是佳作，有叙述，有描写，有抒情，语言华美，声情并茂。阅读这首诗，使我们在几百年以后，似乎能够朦胧地观察到当时皇帝祭祀祖先的情景和心情，对我们进一步了解和感受太庙的祭祀文化是很有帮助的。

乾隆皇帝后期所写的祭祖诗和上一首早年所写的诗有所不同，乾隆五年（1740年）所写的诗是七言八句，后来五言居多，句数也不统一，四首八句，一首十二句。从这种变化我们可以看出乾隆祭祖诗风格的变化，形式上从律诗变为五言古诗，更为古朴和自由潇洒，这和乾隆对太庙祭祖越是古朴也就越是尊崇的思想是一致的。诗的内容也随着年龄和经验的增长而更加谦逊，语言也趋于平实。年轻气盛的豪迈和华丽的词汇变成平和朴素的抒情和描述。诗的内容上不仅是赞颂和祈祷，还有史料价值和生活情趣。如“一湾引金水，万叶衍银潢”就记载了引金水河水到太庙玉带河，维修闸门，添建龙凤望柱栏板的史实。“趋跄弟与兄”生动地记录了在祭祀祖先的时候，多日未见的兄弟之间，心情激动，以致步履踉跄的生动而又真实的细节。“夫子必从周”“不知义最精”和“忆从头”的语言都很直白，甚至直接用口语。皇帝诗人的祭祖诗真是别有一番境界。

乾隆与太庙之三：传说神妙留奇景

在太庙的民间传说当中，有两个和乾隆皇帝有关，并成为太庙最重要的景观之一。

头一个传说是“乾隆将太庙享殿九间改为十一间”。乾隆扩建太庙享殿的原因是当时已经供奉了九位神主，没有空余位置。乾隆怕自己死后没有地方放自己的牌位，为了使自己死后能入祭太庙，于是在乾隆二十五年（1760年）将太庙的享殿九间扩建为十一间。乾隆死后，他的儿子嘉庆皇帝为他举行了神主入庙典礼。这个故事，好像证据确凿，许多人信以为真。其实，这是对太庙祭祖的规矩不了解的缘故。

首先，关于乾隆时太庙九位神主已经占满了九间，没有了乾隆的位置，如果前四代肇祖、兴祖、显祖和景祖等远祖，再加上努尔哈赤、皇太极、顺治、康熙、雍正，正好九位，这个说法看似成立。但是，太庙早在明弘治四年（1491年）就兴建了供奉远祖的祧庙，即俗称的三殿。清代完全继承了明代太庙的规矩，前四代远祖也是在祧庙供奉，所以在乾隆的前面只有五位先皇，即使是九间也还有四间空位子。

第二，先皇的牌位平日供奉在寝殿，分为15个夹室(亦称寝宫)。享殿平日不供奉祖先的牌位，只是在祭祖大典的时候才从寝殿及祧庙把牌位请到享殿，按照“昭穆制度”排列在正面和左右两边的供桌上进行祭祀，牌位的数量多也可以摆放得下。事实上，乾隆以后还有嘉庆、道光、咸丰、同治、光绪、宣统6位皇帝，除宣统因满清王朝被辛亥革命推翻而宣布退位，死后牌位无缘进入太庙外，其余5位的皇帝牌位均进入太庙供奉。如按照“乾隆无地儿放牌位”的传说，即使是11间也放不开。

第三，根据古建专家对太庙享殿大木结构全面测绘和考察得出的结论，无论构架类型、构建材质、用材等级，还是彩画形式，都表现出典型的明代特征。说明太庙大殿是明代的原样没变，所以，没有9间改11间这码事儿。出现误传的原因是统计方法的不同造成的。明朝说面阔9间，是忽略了两旁的两个小间；清朝说面阔11间，是以柱子为准，加一根柱子就加一间，不管间量大小。所以9间就变成11间啦！

这第一个传说特别像史实，以至于蒙了不少人。而第二个“鹿柏的传说”就特别像神话了。

在太庙的柏树中有一株形状特异，像一头奔驰回首的梅花鹿，人们管它叫“鹿柏”，说起它的来历，还有一段神奇的故事。

有一个在太庙当差的小太监名叫李九儿，工作是喂养牲口。这些牲口是做祭祖的“牺牲”用的。这年春天，李九儿发现牲口圈多出了一只刚生下来的小鹿羔，就偷偷地养着。很快，小鹿长成了一头梅花鹿。到了年底大祭，乾隆皇帝由王爷陪同来到太庙。正在行大礼之时，鼓乐大奏，这只鹿受到惊吓，撞开了栅栏，狂奔起来，冲进了仪仗队伍，祭祀秩序顿时大乱，御林军赶紧驱赶，梅花鹿调头往回跑，进入一片种着柏树的草丛中。一名御林军迂回到它后面，搭弓射箭，利箭从鹿的左后身斜着射入，只听得轰然一声响，闪出一片金光，金光照得众人睁不开眼睛，待到再睁开眼睛时，只见梅花鹿已化作一棵柏树，身上还斜插着那只铁箭。御林军首领立即向乾隆皇帝报告，说刚才不知从何处跑过一只鹿，现被射中已化作一棵柏树，请皇帝下旨将这棵柏树砍倒劈成碎片，以惩其惊驾之罪。乾隆皇帝一听，将信将疑，立刻来到鹿化作柏树的地方。可是鹿化的柏树不见了，仔细观看，只见鹿柏上下落满了仙鹤，掩住了鹿柏。乾隆皇帝说：“此乃天意，鹿化为柏，柏上栖鹤，是鹿鹤同春的吉兆啊。”于是赐名“鹿柏”。

这显然是一个神话传说，虽然肯定不是真实的，但反映了乾隆和太庙的密切关系，乾隆对太庙有特殊的贡献，连神仙也赐福给他，所以民间有了这美好的传说，太庙留下了这神妙的奇景。

文／贾福林

（原劳动人民文化宫研究室主任）

希龄大爱泽天下 香慈厚德炳汗青

说起香山，就不能不说香山慈幼院；而说起香山慈幼院，就不能不说起翰林熊希龄。笔者因从事翰林文化研究多年，对熊希龄先生早有关注，崇拜有加。加之又与香山公园管理处诸友多有交往，情谊深厚。因此，将熊希龄先生与香山慈幼院之尘封旧事、往日辉煌予以梳理、展示，责无旁贷，而得约稿雅命，何幸如之。现就所知草草成文，匆匆奉上，以飨读者，并求教于同道方家。

熊希龄，世称熊凤凰，字秉三，号明志阁主人、双清居士。晚年皈依佛门，法号妙通。清同治九年（1870年），他出生于湖南省凤凰县镇竿镇（今沱江镇）文星街一个三代行伍的军士家庭。他自幼天资聪颖，勤奋好学，而膺“神童”之誉。他闻一知十，过目成诵，文思泉涌，联考联捷，先后成秀才，中举人。光绪二十年（1894年），希龄年25，公车赴京，金榜题名。据朱保炯等编《明清进士题名碑录索引》卷下，希龄获甲午恩科二甲第六十三名进士；另据朱汝珍编《词林辑略》卷九载：“熊希龄，字秉三，湖南凤凰人。选庶吉士，未散馆。”而未散馆（毕业）之原因，乃赴家乡湖南兴办教育，与谭嗣同过从甚密。他先于长沙创办时务学堂，任总理；又参与成立南学会，创《湘报》，以推动变法维新。戊戌变法失败，嗣同喋血京师，希龄遭革职，并交地方官严加管束，是为其人生之首次大挫。

◎熊希龄先生

熊希龄以乱党戴罪之身，在时任常德知府的妻兄朱其懿呵护下，蛰伏故里，闭门读书。庚子之难（1900年），迫使清廷幡然警醒，重思振作，对维新党人之管束逐渐松弛。而新政内容之一，便是创办新式学堂。希龄得心应手，日趋活跃。光绪二十九年（1903年），翰林前辈赵尔巽任湖南巡抚，锐意改革，在湖南各道府设立师范学堂，以希龄才华横溢、名望崇高、办事认真，视野开阔，奏请清廷重新起用，并得恩准。希龄亦不负厚望，主持常德西路学堂，为全省之冠。继而转入工商界，光绪三十年（1904年）东渡日本，考察实业，回湘后创办了醴陵瓷业公司，并与湘籍名人杨度联合创办矿务公司，成为当之无愧的近代湖南实业先驱。

翌年，赵尔巽转任盛京将军，对希龄之才干念念不忘，上奏清廷，请开复希龄原官——翰林院庶吉士，又获俞允。不久希龄得湖南巡抚端方奏保，以二等参赞随载泽、端方等五大臣出洋考察宪政。希龄以翰林健笔，起草出洋考察报告、立宪奏折。清廷预备立宪诏书，即在此基础上形成。希龄以奇才高功，引得内外大臣一时间竞相延揽。先是赵尔巽将其调往东北，帮办新政，任农工商局总办，再赴日本调查浚河工程及商务；后有江苏巡抚陈启泰，请希龄出任江苏农工商局总办兼任谘议局筹备处会办；后又被两江总督端方委任为两江总督总文案即秘书长。数次出洋，使希龄于立宪与外交方面才干大增，加之多年研习地理、历史以及兴办教育、实业之经验，希龄已成长为晚清罕见能臣，得“通才”美誉。

宣统元年（1909年）四月，以清宗室、尚书载泽奏请，希龄得四品卿衔，任东三省财务监理官，兼理奉天盐运、盐务。两年后，赵尔巽任东三省总督，希龄任东三省屯垦局会办、奉天造币厂总办。此时，希龄已从地方实业家，成长为名重一时的理财能手。在立宪运动中，希龄以多年来形成的声望人脉、奇才高品，沟通于清廷大员袁世凯、端方、赵尔巽与立宪派首领梁启超等人之间，时而左右逢源，时而力不从心，冀图以立宪消弭革命，扶大厦之将倾。

辛亥之年，武昌炮响，多省响应，国步遂改。希龄静观时局，知清廷大势已去，即辞东北前往沪上，以同乡之谊，与革命党人黄兴、宋教仁联络，成立湖南共和协会，并出任会长。旋即领衔致电袁世凯，促请清帝退位，公开襄赞共和。民国成立，百废待兴。袁世凯任临时大总统后，命唐绍仪为国务总理，绍仪素知希龄善于理财，即邀其出任财务总长。而民国伊始，千疮百孔，财务艰巨，可想而知，故无人愿做，亦无人敢做。希龄推辞5次，然绍仪思贤若渴，心如磐石，不惜以阁揆之尊，专程赶往上海，坐等希龄应允并赴任。希龄只得就范，于民国元年（1912年）就职财务总长。开始筹措军饷，并与外国银行团磋商借款，同时对全国整体财政的状况提出总体规划并设计方案。但此时中央与地方均急需钱款，而外国银行团借款条件又极为苛刻，希龄用尽解数，然收效甚微，各方舆论亦指责希龄不少做法有卖国之嫌。而袁世凯性情专断，一意孤行，希龄进退维谷，心力交瘁，任职仅仅百日，便提出辞职。是为其人生之第二次大挫。

民初政局，白云苍狗。世凯独揽乾纲，阁揆屡遭撤换。既无相国之尊，却有杀身之险，故而被视为畏途。1913年7月，世凯强迫希龄出任国务总理，希龄百般推辞，无奈就范。希龄任总理后，曾梦想组建一个一流经验和一流人才之内阁，讲求法制，致力于宪政。但与袁大总统理念南辕北辙，结果可想而知。在世凯高压之下，希龄被迫签署解散国民党、解散国会等命令，而解散国会、解散国民党之举措，与追求民主革命背道而驰，当时舆论界纷纷指责熊希龄，希龄心中怏怏不乐，自知其改组内阁之计划与设想根本无法实现，便于1914年2月6日，辞去民国总理的职务，任职不足半载。是为其人生之第三次大挫。

1916年，袁世凯复辟帝制，改元洪宪。3月，希龄被任命为湘西宣慰使。以多年对世凯之了解，希龄对其失望至极。到职后，不再听命于袁，而是暗中筹集粮款，资助护国军。6月，世凯归西，希龄进京力请恢复民国元年之《临时约法》，然曲高和寡。目睹国事日非，夙愿难遂，希龄心灰意冷，遂告别仕途，毅然转入慈善教育事业，此时希龄正值47岁壮年，作此明择，使其于人生最后20年，步入事业之辉煌，获“近代慈善之父”之盛誉。地位突显，彪炳汗青。

1917年夏末秋初，直隶省（包括今河北、北京、天津）境内秋雨连绵，山洪下泄，京津一带，顿成泽国，哀鸿遍野，满目疮痍，灾民超过600万。隐居天津的熊希龄住所也被河水吞没。目睹难民流离失所，缺衣少食之惨状，希龄不忍坐视，当即赴京，一面向中国银行工会求助，一面向政府呼吁，以其巨大的道德号召力，整合政府、地方士绅与中外慈善团体的力量，成立“京畿水灾筹赈联合会”，自任会长。这次赈灾取得了空前的成功，使灾民因冻、饿而毙命的现象明显减少。同时，希龄还积极开展对泛滥河渠之治理，提倡以工代赈。组织受灾青壮年从事体力劳动，通过付出劳动，获得包括衣食等方面的资助。这样既救济了大批灾民，也推进了受灾地区永久性设施的建设。此次领导赈灾的巨大成功，使希龄找到了实现救国救民理想的平台与途径，开始了他投身慈善事业的艰难实践。

1920年秋，直隶、山东、河南、山西、陕西5个省爆发严重旱灾，饥民达3000余万。经初步估算，需要款项2亿元，才可完成赈灾任务。这在当时中国，是不可能之事。希龄知难而进，再次出山，与外国慈善团体“万国救灾会”联合成立“北五省灾区协济会”，并提出急赈与工赈等切实可行的赈灾方案。这又是一次成功的救灾活动，使无数灾民免于死难。此后，希龄多次领衔各地慈善救济活动，直至去世。在此过程中，希龄对中国底层社会状况与民间的苦难有了全新的认识，对佛教教义有了更加深刻的理解，因而皈依佛祖，取法号曰妙通。目睹众多流离失所的儿童，他痛心疾首地说：“可怜这些孩子，他生下地来并无罪恶，为何遭此惨状呢？”于是立下宏愿：将余生献给救助和培育这些流落儿童的伟大事业，致力于社会福利和教育事业。于是他创办了驰名中外的香山慈幼院，成为著名爱国慈善家、平民教育家。

早在1917年京畿水患之时，熊希龄就曾于北京牵头成立两所慈幼局，作为收养灾区难童的过渡机构，并出任红十字中国分会会长。水灾之后，仍有200多名儿童无人认领。于是，希龄决定创办一所长期性孤儿学校，对孤贫儿童进行收养和教育。当时于北京城内未能找到合适处所，希龄殚精竭虑，几经波折，通过翰林前辈、大总统徐世昌与前清皇室内务府协商，将已废弃的前清行宫——香山静宜园（即双清别墅）拨出，专供熊希龄使用，取名“香山慈幼院”，一个享誉中外的慈善教育机构就此诞生。

创办之初，慈幼院只设男校和女校。经数年发展，到1926年，已拥有一个总院、五个分院。香山慈幼院为总院，而分院包括萌养院即幼儿园、小学、中学、师范与职业教育，构成一个完整的教育体系，目标是培养健全、爱国的国民。由于慈幼院拥有先进的教育理念、优秀的师资和完善的设施，很快便成为誉满全国的一个最为精良、最为前卫的慈善教育机构。

与其他学校相比，慈幼院的突出特色为教养兼施。不仅对这些孤贫儿童进行收养，更重要的是对其进行教育。希龄将多年从事实业、教育、慈善与救助的丰富经验予以发挥，创立了学校、家庭与社会连为一体的新机制，所制定的具体方针首先是注重儿童人格之培育，关注其社会化习惯之养成；其次是注重儿童才能的培养，即注重职业教育，强调实践训练。尽管慈幼院拥有几百人甚至上千人的规模，然而为使孤贫儿童享受到母爱和家庭温暖，希龄首创小家庭式教育模式，以小班为教学单位，教师兼而充当家长的角色。这一学校、家庭、社会“三合一”的教育新模式，体现出了一位传统士大夫特有的价值关怀：不仅要对孤儿进行严格管理与教育，更要造就一个类似家庭的健康成长环境。而村户之制，分别以“勤、谦、俭、恕、仁、毅、公、平、信、义、醒”命名，带有传统理念之清晰痕迹。每一村户选择一位富有经验的保育人员担任“妈妈”，儿童即村民，彼此相待以兄弟姊妹之情。而这种小家庭教育模式，较之1949年在奥地利建立的世界第一所国际SOS儿童村，提早了十几年。香山慈幼院从1919年动工建设，到1920年正式开园，直至1949年使命终结，存在长达30年。先后培养学生6000余人，其中绝大部分成为国家与社会各行各业的有用人才。至今，受其滋养与恩惠者仍对慈幼院心驰神往，念念不忘。因此可以断言，香山慈幼院在中国近代史尤其是中国近代教育史上，拥有不可磨灭的影响，雄踞不可低估之地位。

1931年8月，希龄之妻朱其慧女士因脑溢血去世，为纪念亡妻，希龄于1932年10月宣布捐出全部家产，成立“熊朱义助儿童幸福基金社”，将基金用于救助儿童的公益事业。据捐产目录统计，总计折合大洋27万元，另有白银6万余两，慷慨激昂，令人敬佩。熊希龄之“裸捐”义举，得到社会各界一致称颂。1949年10月，“熊朱义助儿童幸福基金社”董事会专门立下石碑一通，以赞扬熊希龄先生。碑文如下：

公元1932年，湘人熊希龄先生以其祖遗及生平服务所得俸给暨朱其慧夫人节约购置之动产不动产，完全捐助成立熊朱义助儿童幸福基金社(捐助财产详见说明书)，次第举办儿童教育事业。今社址北京石驸马大街即先生故宅也。先生于举世财产私有制度时代独倡此举，实为社会主义之先进者。勒诸贞石，用志勿谖。

而香山慈幼院之后期发展，希龄续弦毛彦文女士功不可没。希龄一生，姻缘三度。发妻廖氏，结婚一年后病逝。希龄毅然离家，前往湖南沅州攻读。沅州知府朱其懿，贡生出仕，颇具政声。有妹名其慧，才貌双全，待字闺中。其懿为妹试才择偶，于府上亭柱题一联曰："种数盆花，探春秋消息"。邀本州未婚青年秀士游赏征对，以最优者联姻，应者如云，妙联亦多。希龄才华横溢，尤擅拟联，以"蓄一池水，测天地盈亏"对。其慧仔细品读，认定希龄才高一筹，境界高远，因而芳心独予，托付终身。其懿遂成全其妹与希龄之姻缘，成为一时佳话。成婚后，两情甚笃，常吟诗作对，夫唱妻和。后其慧染疾亡故，希龄悲恸欲绝，鳏居数年，不肯续娶。并蓄起长须，手执黎杖，终日踽踽，形影相吊。

而一位奇女子之出现，使希龄夙志悄然更改，雪融冰消。此人便是毛彦文。彦文，一名月仙，英文名海伦，浙江江山须江镇沙埂人。天资聪慧，才貌双全，勤奋进取，一路顺风。1929年入美国密歇根大学，攻读教育行政与社会学，两年后获教育学硕士学位。后游历欧洲，旋而归国，任暨南大学、复旦大学教授，主讲教育学。因早年感情受挫，伤害至深，对须眉戒心极大，婚事久延。不经意间，青春逝去，年逾三十许，仍无归宿。

◎熊希龄与毛彦文

彦文与希龄家族早有交往，并与希龄夫人其慧熟稔。其慧病逝后，希龄渐感内助无人，体力大减，事务繁多，难以料理，始有续弦之意。内侄女朱曦主动为二人搭桥牵线，希龄以彦文曾留学美国，学识、经验俱丰富，尤其挚爱儿童，可协助其办香山慈幼院，又与内侄女等同学，从来为一家人，故而十分满意。而彦文初以年龄悬殊，辈分有差，加之社会地位形同天壤，故而坚拒。而希龄却一反常态，不能自持。即由北平南下上海，坐镇沧州饭店，大有"不娶彦文誓不还"之悲壮。希龄不仅每日遣人给毛彦文送信，还于信中附上即时创作、手抄之诗词，情意浓厚，措词恳切。既有少年之轻狂与浪漫，亦有老者之持重与柔情。并动员数位亲友登门说项，其中竟包括希龄亲生女儿熊芷。经两个多月的爱情攻坚，彦文“束手就擒”。1935年2月9日，二人喜结连理，希龄时年66岁，彦文37岁，却被新闻记者讹传为33岁，两人合为99岁。婚礼于上海慕尔礼堂举行，李石曾、章士钊、杜月笙、吴铁成、梅兰芳等名人应邀出席。婚礼所收贺联，颇多幽默，甚至出格，例如：“老夫六六，新妻三三，老夫新妻九九；白发双双，红颜对对，白发红颜齐眉”“旧同学成新伯母；老年伯做大姐夫”，更有“熊希龄雄心不死，毛彦文茅塞顿开”之联，令人忍俊不禁，拍案叫绝。婚宴上，希龄发表新婚感言：“各位所说谓我已老，殊不知所谓老少，不能单以年龄为准。老年人精神好，环境好，意志并不衰老，也可以和少年人一样的结婚。假如一个青年人精神不好，意志颓唐，时想自杀，他虽然年轻，亦可谓之衰老，那就不必结婚。”的确，两人婚后生活颇为愉悦，希龄于北平寓所自拟一联，两人以博士、尚书自许：“紫府高闻诗博士，青山隐逸女尚书”。足证新婚燕尔，琴瑟和鸣之状。

彦文后来回忆道：这个年龄，需要求得一个好的归宿，我不想再在情感和生活中颠沛流离。当时反常心理告诉我，长我几乎一倍的老者，将永不变心，也不会考虑年龄。况且熊氏慈祥体贴，托以终身，不致有中途仳离的危险。与希龄结婚，在外人看来似乎不可思议，而在彦文心里，却显得顺理成章。婚后两人相亲相爱，彦文辞去教职迁居北平，专心辅助希龄经营香山慈幼院。从希龄婚后所撰诸多诗词中不难体味，其与彦文十分恩爱，堪称琴瑟和鸣。1935年3月，结婚满月之时，希龄特手绘“莲湖双鹭图”一幅，并题词其上，以示纪念，词曰：

> 缟衣摇曳绿波中，不染些儿泥垢。玉立亭亭飘白羽，同占人间未有。两小无猜，双飞不倦，好是忘年友。粉靥香腮，天然生就佳偶。但觉万种柔情，一般纯洁，艳福容消受。轻语娇频沉醉里，甜蜜光阴何骤？纵与长期，年年如此，也若时非久，一生花下，朝朝暮暮相守。

题识曰：“右词为乙亥二月九日蜜月纪念，题写此图以赠彦，今并录之，为慈范堂补壁也。乙亥立秋前一日，凤凰熊希龄记。”咏物寄情，表示两人将白头相约，终老林泉。未料仅仅两年，美满婚姻便成泡影。1937年12月，希龄突发中风，溘然长逝，终年六十有八。美满奇缘戛然而止，恩爱夫妻阴阳两隔，虽得执手，终难偕老，每每思及，令人唏嘘。

希龄去世时，彦文尚未年满不惑。此后，其继承希龄事业，于战火硝烟之中奔走呼号，筚路蓝缕，苦心孤诣，艰难维持着香山慈幼院之运作，成为这一著名慈善与教育机构的精神旗帜与希望之光。而其对希龄的感情，不但未因时间之冲刷而淡忘，反而愈加炽烈，老而弥笃。后其出国赴美，先后任教于加州大学和华盛顿大学；1962年定居台湾；1999年，彦文辞世，享年一百零二。对希龄之怀念与对慈善之热衷，使彦文终未再嫁。然桃李满园，恩泽天下；仁者高寿，两岸同钦。

希龄对香山慈幼院之投入，可谓毫无保留，生死相依，特将长眠之地选在香山慈幼院之西，占地约6亩。而1937年希龄病逝香港，因战事未息，海天阻隔，只得暂安于此。1992年，希龄之灵回迁香山，长眠静宜。九泉之下，得以安息。

时过境迁，沧海桑田；回首往事，颇多感慨。投身慈善事业，尤其是担纲领衔者，不仅需要才华、能力，更需要高尚之情操，良好之教养与完美之人格。熊希龄先生以毕生追求，践行“戴仁而行，抱义而处”之宏愿，可谓诸美齐备，功德圆满，无懈可击，空前绝后。在香山所拥有的浩如烟海的历史文化遗产中，希龄先生之英名与香山慈幼院之业绩，已成为一道交相辉映的靓丽风景，不可分割，相得益彰，必将历久弥新，永放异彩。其珍贵价值，值得我们认真总结继承、发扬光大。而希龄先生以赤心报国，九死未悔，不改其忘，不失其雅，更因创建香山慈幼院而立德立言，功在社稷，彪炳汗青，足以不朽。最后，我想以一首七言诗，作为结语：

清茶一盏话当年，心在香山玉水边。
金榜题名前世梦，寻章摘句此生缘。
希龄大爱泽天下，慈幼厚德润世间。
我寄真情如皓月，愿为前贤叙悲欢。

文／邸永君

（中国社会科学院民族学与人类学研究所科研处处长、研究员）

赵四小姐及其兰溪别墅

在北京八大处众多的别墅中，有座兰溪别墅。读者也许想象不到，兰溪别墅的兴建，说起来还与张学良、赵一荻有关呢！

兰溪别墅的主人赵庆华，浙江兰溪人，以北宋政和年间（1111～1117年）任主簿的赵景文立祖，到赵庆华这一代，已是二十九世。赵庆华的父亲赵定鳌，字寇山，号鲤门，国子监监生。监生虽说算不上什么官职，但始终没有改变赵家书香门第的本色，这也是赵家的祖荫荣耀所在。就在这山水清丽、景色宜人的兰溪乡间，作为大清监生的赵定鳌，先后在这远离尘嚣的乡间，与发妻卞氏和继室何氏，共生育三个儿子，分别是：长子赵庆寿，次子赵庆华，三子赵庆荣。

赵庆华，字燧山，号溪隐，生于同治十二年（1873年），毕业于香港拔萃书院，后入两广电报学堂深造，曾任清邮传部主事，民国国务秘书，津浦、沪宁、沪杭甬、广九等铁路局长；梁士诒任总理时，赵任交通部次长。赵的小女赵一荻，1912年5月28在香港出生，因此叫赵香笙。据说她出生时，天空出现一道霞光，因此又叫赵绮霞。她的英文名字是“Edith”，谐音为“一荻”。她还有两个名字：赵媞和赵多加。不过，熟悉赵家的人，都知道她有两个哥哥和三个姐姐，她在姐妹中排行第四，因此称其为赵四小姐。赵四小姐身材颀长，体态婀娜，气质绝佳。当时天津的《北洋画报》，封面上每期必配有一帧名闺玉照，赵一荻的芳影多次入选。

16岁那年，正上中学的赵四小姐在天津蔡公馆舞场上认识了当时不到30岁的少帅张学良。两人一见钟情，情投意合。张学良走到哪里，赵四小姐就跟到哪里。张学良到北京，赵四小姐尾随而至，一起打高尔夫球，一起畅游西山。夏天，张学良到北戴河避暑，赵四小姐在大哥、二哥的陪同下，也赶到北戴河，张学良的副官陈大章陪她住在必其饭店，避过盛暑后，陈副官送她返回天津。

1929年3月，张学良任东北边防司令长官，给赵四小姐打长途电话，欢迎她到奉天（沈阳）来旅游。几天后，赵四小姐回复，业已征得父母同意，准备应邀前往。于是，张学良派陈副官到天津迎接。上路时，赵家全家到火车站送行。赵一荻到达沈阳后，张学良把她安排在北陵，秘密同居，这就是当年轰动一时的“绮霞失踪”传闻。

赵家小姐“失踪”了，于是社会上风传：“赵家的姑娘给人做小。”赵庆华觉得有失体面，于是在1929年9月25～29日，连续在报上刊登声明，声明如下：“我族世祖清献公，系属南宋后裔，居官清正，持家整肃，家谱有居家格言，家祠有规条九例，千余年来，裔孙遵守，未尝败坏。历朝御赐文联，地方后吏春秋致祭，即民国前大总统、总理亦赠匾对，荣幸何似！讵料四女绮霞，近为自由平等所惑，竟自私奔，不知去向，查照家祠规条第十九条及第三十二条，应行削除其名，本堂为祠任之一，自应依遵家法，呈报祠长执行。嗣后，因此发生任何情事，概不负责，此启。”有人撰文说“赵四小姐的私奔，在赵家掀起轩然大波。赵庆华登报声明，断绝父女关系。”看来，文章的作者并未查到声明原文，只是一种猜测而已。实际上，声明中并无“断绝父女关系”字样，声明中所谓“（赵四小姐）不知去向”也是为了掩人耳目。赵庆华的声明可谓用心良苦，既断了有情人的退路，促其亲成，又挣得了门庭清白，不失身份，一举两得。其实还有另一层深意。当时，诸军阀凭借军力，争战不息。张学良主政东北奉系，赵庆华任官北洋政府，认亲与否，多有不便。赵庆华借此急流勇退，说明赵庆华老谋深算，绝非盛怒下的单纯。

赵庆华刊登声明之后，弃官经商，在八大处经营西山饭店，同时建兰溪别墅，栖息其中。田树藩在《西山名胜记》中对兰溪别墅有记载：别墅主人为“西山饭店店东赵溪隐，在长安桥东平地上。面积颇大，内有水井，花木成林，布置甚为精致。赵君隐此，亲自经营店业，入堪供其山居之用，颇优游也。赵为浙江兰溪人，其取名以此。著者曾赠诗二绝云：“先生解组赋归来，学富陶朱羡达才。居近青山能养性，徜徉岁月实优哉。名就功成是范蠡，西施共载漫相离。使君享尽人间福，晚景自娱到处宜。”兰溪别墅分南北二区，田树藩记载的是北区，南区专供张学良、赵一荻居住。每当春暖花开，张学良与赵一荻到京西打高尔夫球，然后到兰溪别墅南区休息。西安事变后，张学良幽居台湾，赵庆华感到张学良重返大陆无望，遂将别墅南区卖与国民党十六军需处处长曹文明，这便是《西山八大处调查报告》中提到的曹氏别墅。

今之石景山区六一小学建在兰溪别墅故址，原有建筑荡然无存。

文／李新乐

（退休教师）

难忘昔日活鱼食堂

1960年5月1日开业至1964年4月30日关闭的紫竹院公园活鱼食堂，是京城百姓多年的惦念，是老北京记忆链上最为亲切的一环。短短4年，它留给京城百姓许多美好的回忆，也留给紫竹人诸多追寻。在那个特殊的年代，活鱼食堂还留下了许多趣事和佳话。

昔日活鱼食堂位于中山岛东侧，面向南小湖，北临长河，在今天的茶点部位置。因为以活鱼为主料，现吃现做，故对外称之为“活鱼食堂”。店堂南北一排七间青砖瓦平房，内有十余张小餐桌，营业面积不足100平方米，中心为一海棠形活鱼池，池内放养着每天从公园湖内或其他公园捕捞的活鱼，品种有草鱼、鲤鱼、鲫鱼、鲂鱼、鳟鱼等。顾客就餐时可在池内选取活鱼，随即送入灶间加工，现做现吃，颇有情趣，很受顾客喜爱。当年来此光顾的既有寻常百姓，也有中央领导及各界知名人士，如演艺界名人新凤霞、小白玉霜、陈强等，他们不仅光顾活鱼食堂，而且还现场即兴演唱。小接待室位于今天经营队队部位置，后厨位于茶点部办公室往南竹韵餐厅北部位置。

活鱼食堂经营以活鱼为主的各种川鲁风味菜肴，有职工30余人。厨师、服务人员全部从公园职工中抽调，经过3个月的培训，业务水平提高很快。据说还专门聘请了厨师钟福，他是《大宅门》粤宗生的师傅，担任活鱼食堂总指导。菜品味道以甜辣为主，有干烧松鼠桂鱼、干烧鲤鱼、怀胎鲑鱼、五柳鱼、椒盐鱼、清蒸鱼、锅贴鱼、熏鱼、酥鱼、五香鱼、红烧鱼等近20道以鱼为主材的菜肴，不仅满足了本市顾客吃活鱼的需求，而且还吸引了许多外省来京人员慕名到紫竹院来吃活鱼。

开业之初，海淀区政府按照“普通点”设置，但随着活鱼食堂政治接待任务加重，营业面积小，食品调料不足，成为困扰活鱼食堂经营的主要问题。当时的水产办向上级反映这一情况，希望扩大营业面积，提高餐厅级别。为适应发展需要，1962年5月1日起，经上级批准，活鱼食堂改为“高级点”，食物原材料得到充实，增加了菜品花样，调配了技术力量。经过老师傅的耐心指导，菜品质量进一步提高，从过去的白水炖鲶鱼、大锅熬菜，改为烧鱼、单灼炒菜；将过去的大盘菜，降低价格改成小盘菜；鱼类由过去整条大鱼出售，改为既有整条大鱼，又有按块单份，方便顾客选择。当时有句流行的顺口溜：“价高份大顾客少，现在价格适当份小，配料适当顾客多。”同时服务质量不断提高，增加了开水、牙签等服务。

除日常营业外，活鱼食堂还完成了中央、市级及外宾接待任务，仅1962年就接待了59次政治任务，共计295人次，各级领导对鲜鱼质量非常满意。

随着国家经济的逐步好转，1963年4月，活鱼食堂由“高级点”改为“一般食堂”。为了增加收入，又开办早点，增加炸货，添设小盘廉价菜品，一鱼多做，还新添了大饼、面条、炒饼、炒饭等大众化食品。菜样也由30多种增到60多种，面向大众薄利多销。并且将餐厅前300多平方米的露天面积铺设水泥砖，拓展营业面积，还添置了消毒锅，对餐具进行消毒，开创了凭证用碗的“碗证”办法，解决了餐具的丢失问题。

1964年4月，根据形势发展与业务需要，活鱼食堂于4月30日停业。

郭沫若同志与活鱼食堂有一段机缘，他曾赋诗称赞活鱼食堂，并将湖边茅亭命名为“望鱼亭”。他还曾现场题写了“紫竹院活鱼食堂”匾额，今天公园东门悬挂的“紫竹院”几个大字，也为郭老所书。

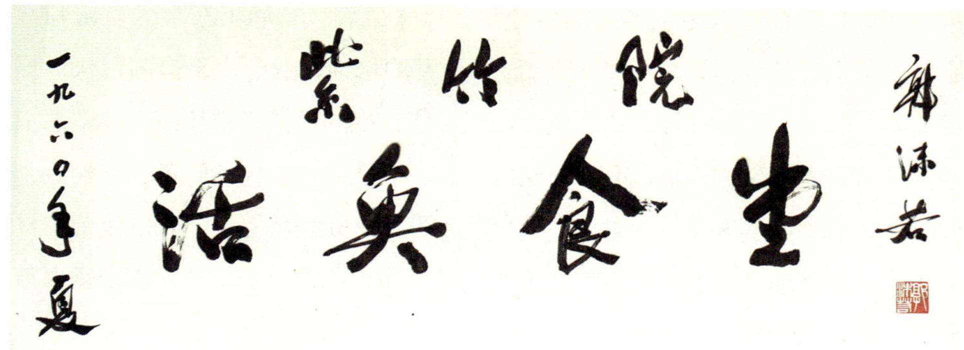

◎郭沫若为紫竹院活鱼食堂题匾额

1960年6月11日，公园收到郭沫若赠亲笔题诗的四川罗鉴中的绘画一幅，画序：且喜洋洋乐，春江水不寒；榴花红可爱，遍映绿波间。沫若先生指正，五六年六月鉴中先生写并题。

其后为郭沫若补题：此乃罗鉴中所绘画中有鱼，用补题一诗，以特赠紫竹院活鱼食堂，时一九六零年六月八日也。

鱼乐在观不在尝，回思庄惠辩濠梁。
天机活泼个中见，朝气清新分外香。
花木不移非寂灭，龙蛇之蛰在飞扬。
宜人风物均劳逸，紫竹院中一食堂。

1960年6月26日，郭老又赋诗一首：

草鱼食鱼草，鱼草食草鱼。
大小鱼群来，食草观喁喁。
银中翻清波，金轮转通衢。
昂首望堤上，树底人读书。
小鱼问大鱼，其乐复何如?

诗跋：晨游紫竹院看群鱼舞，得此题赋紫竹院活鱼食堂。

在两首诗中，郭老以学者的睿智思辨和诗人的才气情怀描绘了鱼群的活泼、公园的景色，抒发了鱼乐人乐的古今理趣。

虽然1964年活鱼食堂停办了，但郭老与紫竹院的情缘还在继续。1973年春，郭沫若将自家院中的20棵枣树苗送给紫竹院公园，这些树苗栽植在大湖北岸的藤萝架旁。历经几十年风雨，虽然原来的枣树不知所终，但目前仍有8棵郁郁葱葱的枣树望长河而立，成为紫竹院公园一处永久的景观。

20世纪60年代，刘伯承、陈毅、邓小平等国家领导人曾先后来公园参观游览，多次询问活鱼食堂的往事。

1982年7月2日，时任中共中央总书记的胡耀邦同志视察紫竹院公园，他从公园南门进园，沿大湖西岸行走问道："公园活鱼食堂还有没有？"耀邦同志说："五几年陪同主席来过这里，大湖东部尽是芦苇，我和主席在这里照的那张照片，现在还在玻璃板底下呢，这里风凉，很好。”

1985年10月2日，时任中共中央军委副主席的杨尚昆同志游览紫竹院公园，在谈到活鱼食堂时，他指示公园要搞点服务项目，应有吃的地方，吃完以后再玩，游人会更多一些。

文 /施志娟、梅子

（紫竹院公园游艺队队长、紫竹院公园编写组组长）

碧云化虹架两岸

——孙中山与香山碧云寺

香山碧云寺始建于元至顺二年（1331年），位于香山静宜园之北，坐落在北京西郊秀丽的聚宝峰下。为耶律楚材后裔阿勒弥舍宅而建，原名碧云庵。明正德、天启年间权宦于经、魏忠贤为邀佛祈福，改庵为寺，累加扩建。

1701年，清康熙帝下令平毁魏氏生圹，恢复净域。1748年，清乾隆帝在营建静宜园的同时重葺碧云寺，增建了罗汉堂、金刚宝座塔、含清斋、涵碧斋等建筑，形成了现在的规模。

今天的碧云寺依山临壑，层层叠起，格局严整，精洁高致。中进300余石

◎中法大学师生在碧云寺内大雄宝殿前集会（前排左起第九人为陈毅），迎接孙中山灵柩

阶，六重院落，左有罗汉堂，右有水泉院，前有飞桥越涧，后有金刚宝座塔端然矗立，堪称中国寺院园林艺术之典范。难怪乾隆曾说："西山佛寺累百，惟碧云寺以宏丽著称。"碧云寺这座千年古刹山川"景最佳丽"，地势"荡荡开朗，有大人威严"。全寺苍松翠柏环绕，建筑瑰丽宏伟，景致幽静，时有悠悠钟声传来，令人尘心为之一净。

1924年，一代伟人、民主先驱孙中山先生应冯玉祥将军之邀抵达北平，孰料风雨如晦、巨星陨落，先生竟积劳成疾，于1925年3月逝世于北京。本应于公祭之后按先生遗愿安葬于南京紫金山，但因南京紫金山中山陵一时难以竣工，故众议将遗体暂厝。风景绝佳、肃穆幽静的香山碧云寺遂成为孙中山先生遗体停灵之地。1929年南京中山陵建成，灵柩南迁后，北平民众均认为香山碧云寺是："总理停灵四年之地，不可无一重大之留遗，以为民瞻仰，并请以所易衣履安置原厝木棺内为衣冠冢。"寺中遂开辟孙中山先生纪念堂，设衣冠冢，供人凭吊。

孙中山纪念堂原为普明妙觉殿，因1929年奉移期间停放过总理灵柩、做过祭堂，故辟为"孙中山纪念堂"。正门外檐悬挂的大红匾额为孙夫人宋庆龄亲笔所书。厅内陈列孙中山塑像、玻璃盖钢棺及遗著、遗墨，两侧汉白玉墙壁上镶嵌着《致苏联遗书》。纪念堂院内树影婆娑，宁静肃穆。

金刚宝座塔位于碧云寺最高处，为佛教密宗建筑，是释迦摩尼悟道成佛的纪念塔，亦是伟大爱国主义者和革命先行者——孙中山先生灵柩暂栖之处。塔上石龛额"灯在菩提""现舍利光"为乾隆御书。塔龛中封存着先生逝世时所用的楠木棺，棺内盛放着改殓时从遗体上换下的大礼帽、礼服和皮鞋、手杖等物品。站在塔顶远眺，近处是一望无际的秀雅翠林孕育着勃勃生机，远处是玉泉山、万寿山秀美的景观尽收眼底。

把一位中国当代伟人的纪念堂设置在佛家寺院里，恐怕在世界上也是独特之举。中山先生虽然不是佛教徒，但其一生追求自由平等、拯救四万万同胞于水深火热之中的坚定信念，正与大乘佛教菩萨济世精神不谋而合。

孙中山先生一生致力于国家独立、民族富强。他一生非常关注处于日本殖民统治下的台湾人民的命运，关心台湾同胞的革命事业，三次远赴台湾，与台湾同胞结下了不解之缘。可以说台湾是他三民主义、五权宪法具体实践、落实、发展之地。时至孙中山先生逝世于北京，台湾同胞沉痛哀悼。“三百万台湾刚醒同胞，微先生何人领导？四十年国未竟事业，舍我辈其谁分担！”台胞纂写的挽联充分表达了悲痛的心情与续志革命的意愿。先生逝世第二天，《台湾民报》发表社论：“哭望天涯吊伟人——西望中原，我们禁不住泪流满面了。”无不公开表露出台湾同胞悲从中来的真情。

虽然孙中山一生很少提到台湾，他的脚步也并未过多地停留在台湾，但他的思想与行动早已告诉台湾同胞什么是革命、什么是中国的国格与国魂。我们应当可以清楚地了解到孙中山对台湾的认知、关怀与期待，所以他可以赢得台湾的尊重，可以成为台湾同胞心目中永远的领导者。

两岸人民没有忘记他，新中国成立至今的60多年中，碧云寺共接待重要参观纪念活动50余次。时至今日，每年仍有追悼纪念活动在碧云寺举行，这里是海峡两岸同胞对孙中山先生持久不变的怀念寄托之地。

1956年11月12日，周恩来总理等国家领导同志共580余人在此举行孙中山诞辰90周年参谒仪式，这是新中国纪念活动史上级别最高、参加人数最多的一次活动。

之后的两岸关系一直较为紧张，直至1990年7月28日，时任亚运理事会副主席的李庆华率团赴大陆参拜碧云寺孙中山衣冠冢，被视为海峡两岸的“破冰

◎香山碧云寺孙中山纪念堂

之旅”。随后，碧云寺迎来了台湾海基会董事长辜振甫、国民党副主席江丙坤率领的中国国民党大陆参访团、国民党荣誉主席吴伯雄等，海峡两岸关系愈加亲切，人民情谊愈加深厚。

特别是2006年4月15日，中国国民党荣誉主席连战及夫人一行到孙中山纪念堂拜谒。连战亲笔题词：“青山有幸伴中山，同志无由忘高志”，抒发了对中山先生的缅怀之情，并亲手在金刚宝座塔下种植一株白皮松以示纪念。随后，连战发表感言：“今天，我们来到碧云寺孙中山先生衣冠冢，以最崇高的心情向他敬礼，缅怀他的伟大事迹……今天是中华民族千载难逢的富强、发展、壮大的时刻，促进经济发展，提升人民福祉，两岸和平共荣，互惠互利，都符合中山先生博爱的情怀，这是一种大的爱，一种民族的爱……”可以说连战此行符合岛内民心、顺应岛内民意，受到国际社会的高度关注。使宋楚瑜、陈水扁时期两岸紧张的政治气氛得到缓和，为未来两岸关系注入新的活力。

“金风猎猎吹远松，青霞朵朵生残峰，西山一经三百诗，唯有碧云称纤侬。”今天的碧云寺早已不仅仅是一座皇家寺院、一处国家级文保单位，更是连接海峡两岸政治、文化、经济、交流平台的重要场所，它承载了海峡两岸同胞对孙中山先生持久不变的怀念，它见证了两岸从破冰之旅迈向统合之路的发展历程，它架起了两岸民众的心桥，为推进祖国统一事业作出了重要贡献。

人生自古谁无死，留取丹心照汗青。“命运使我必须放下我未竟之业”是孙中山一生的遗憾，那株当年先生亲手扶植的九龙柏早已郁郁葱葱。走进碧云寺，这里的宏丽的殿堂、精美的石雕、苍翠的古树及潺潺的清泉，无不向我们诉说着那些动人的往事，这里的碧树青山将长伴中山先生左右，他的不朽功绩将永载史册。

文 /任小双

（香山公园行政办公室科员）

碧桐书院逸闻

碧桐书院原名梧桐院，位于北京圆明园九州景区东北角，南临“天然图画”，西依“慈云普护”，西北与“澹泊宁静”隔水相望，东北与同乐园、东与“曲院风荷”北面建筑相依，为圆明园四十景之一。据《圆明园大事记》载：雍正九年（1731年）三月，圆明园内各处悬挂的二十九面御笔匾额做成，其中有：“鱼跃鸢飞”“碧桐书院”“接秀山房”三面系四十景内的匾额。

碧桐书院面积约一公顷，山的西北叠垒得十分高耸，从圆明园四十景图上看，在山峦中有瀑布成两叠而下，使清静幽雅的书院增加了动感。建筑由西北筑向东南，围成近十个朴素的庭院，院中遍植梧桐，环境清幽，适宜读书。值得一提的是，一条小溪由东北沿山脚下汇集两叠瀑布之水，向南沿建筑群边缘折东再向北，穿过东部一些庭院再折东流出景区。这一奇特构思使幽静的庭院，因临水或跨越水而变得更加活泼。也正因此使整个景区形成水环山、山环水、水临景的艺术

◎碧桐书院中心建筑遗址

造型。在景区的西南峰峦处有云岑亭，登临云岑亭面向西南可一览九州景区的湖光山色，面向东北可观梧桐树掩映之下清静幽雅的书院。雍正在《雍邸集》中有《梧桐院》五言诗一首：

棹泛湾湾水，桥通院院门。
吟风过翠屋，待月坐桐轩。
秋叶催诗落，春花应节繁。
只应金井畔，好借凤凰骞。

据《一代名园圆明园的兴衰》记载：碧桐书院环境是幽静的，但它却有着不平凡的逸闻。过去民间传说的吕四娘杀雍正的地方，就是这碧桐书院。而《大清见闻录》中《雍正外传》将这一逸闻描述得更加细致，现引述如下："雍正，康熙第四子，少年无赖。好饮酒击剑，不见悦于康熙，出亡在外，所交多剑客力士。结兄弟十三人，其长者为某僧，技尤高妙，骁勇绝伦，能练剑为丸，藏脑海中，用则自口吐出天矢如长虹，杀人于百里之外，号称万人敌。次者能练剑如芥，藏于指甲缝，用时掷于空中，当者披靡，雍正亦习其术。康熙晚年病笃，雍正偕剑客数人返京。先时康熙已草诏，收藏密室，雍正侦知之，设法盗出。诏中有云，传位十四太子。潜将十字改为于字，藏于身边。乃入宫问疾，预布心腹于宫门外，有入宫者辄阻之。时康熙病已殆，先时十四子允禵，奉命出征准部，至是拥兵西路观变。康熙宣诏大臣入宫，半晌无至者，蓦见雍正立前，大怒，取玉念珠投之。有顷康熙上宾，雍正出告百官，谓奉诏册立，并举念珠为证。百官莫辨真伪，奉之登极。康熙众子有知其事者，心皆不服，时出怨言。雍正知群情汹汹，遂以峻法严刑为治。即位未几，亲藩诛锄殆尽。当时各藩皆有党羽，大半系侠士之流，雍正恐遭人之暗杀也，一日赴天坛祭祀，雍正甫至天坛，忽闻坛顶所张黄幕，突然一声，陡作异响，卫士疑为刺客，纷趋救护。惟见雍正右手微动，一线光芒，从手中射出，斯须幕裂处坠一狐首。雍正乃谓诸术士曰：迩来逆党欲谋刺朕，密布刺客，朕故小试手段，使逆党知朕剑术之高妙，虽有刺客，其如朕何！然雍正虽然如此说，而心怀疑滋甚，窃思天下之剑客，多半皆为我羽党，可以无虑，惟某僧独不为

◎碧桐书院

用，亡走山泽，深以为患，思杀之以除害。而某僧行踪飘忽，无从弋获。一日侦在某所，命结义兄弟三人，易服往探，后布精兵为守要隘。僧睹三人至，笑曰：若辈受主命来捕我耶？汝主气数尚旺，吾不能与争。虽然，汝主多行不义，屡以私恨杀人，今吾虽死，汝主必不能苟免，一月后必有为吾报仇者，汝等识之。言讫伏剑而死。三人携其首复命，并以其语覆闻，雍正大惧，防卫綦严，寝食不宁数日。月余，无故暴死于内寝，宫廷秘密，讳为病殁，实则为某女侠所刺。相传某女侠即吕晚村孙女，剑术尤冠侪辈云。”在此仅作逸事刊出。实则，历史之雍正帝并不似野史所说，而是一位励精图治、很有作为的皇帝。

文 /金鉴

（北京民间文艺家协会会员）

园林文化与管理丛书

园林物语

北京动物园牌匾背后的故事

在北京动物园的正门、西南门和西北门的入门处，细心的游客会发现，虽然都挂着“北京动物园”牌匾，但字体却大相径庭。正门和西南门是毛体（毛泽东体）的“北京动物园”，西北门和海洋馆大门则是郭体（郭沫若体）的“北京动物园”。

要搞清事情的来龙去脉，还得从50多年前说起。

新中国成立之初，由北京市政府接管当时的农林试验所，也就是北京动物园的前身，并将其更名为“农林实验场”。之后，由北京市人民政府公园管理委员会负责管理公园系统。1950年3月1日，北京市人民政府公园管理委员会决定，将重新修整后的北平农林实验所，以西郊公园的名称对外开放。但当时的西郊公园内，又分为两部分，一部分是西郊公园管理处，一部分是西郊农事试验场管理处（后改名为西郊实验农场），办公地点都在正门内的北楼处。西郊公园管理处的办公地点设在北楼下，西郊农事

◎毛体牌匾

试验场管理处的办公地点设在北楼上。

1952年8月，根据市政府“精简节约，紧缩编制”的精神，市公园管理委员会决定：“将西郊实验农场合并到西郊公园管理处”。次年8月，就西郊公园更名的问题，市公园管理委员会请示北京市人民政府。1955年4月1日，经北京市人民政府决定，西郊公园正式更名为“北京动物园”。

北京动物园的名称确定后，大家一致认为应有一块牌匾。职工们纷纷发表意见，有人提出请毛主席题写园名。时任园管理处的领导们认为，让毛主席给本园题写园名好是好，但考虑本园是饲养、展出野生动物的场所，请毛主席题字，是不是对他老人家不够尊重。经再三协商，最终把目光落在时任中国科学院院长的郭沫若先生身上，因为北京动物园属于普及科学知识的场所，与中科院有相合之处。经统一认识后，由当时的园管理处主任崔占平执笔，给郭沫若先生写了一封信，开宗明义请其题字。不久，郭沫若的秘书打电话告知已写好，可派人去取。郭沫若题字共有四款，后从中选出一款，放大并制匾，匾制成后，将其悬挂于动物园入门处。

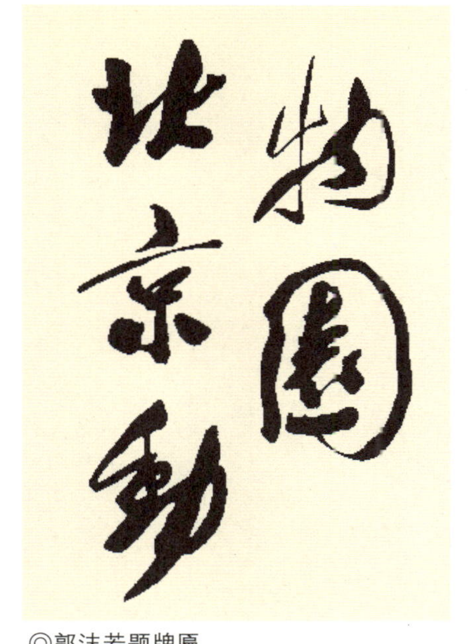

◎郭沫若题牌匾

“文化大革命”初期，因郭沫若被认定为“封资修”分子、“反动权威”等，其字迹不能再悬挂在当时所称的“无产阶级阵地”上，动物园的牌匾也自然被摘下。但北京动物园又不能没有牌匾。当时正值举国上下如火如荼地学习《毛主席语录》、毛主席诗词之际。于是，园文普科的负责人急中生智，想到从毛泽东的诗中找寻出“北京动物园”这五个字来制匾，既解决了悬挂匾的问题，也不至于被“闹革命”的人们砸烂。于是，从毛泽东的三首诗词中集出了这五个字。从词《沁园春·雪》的“北国风光，千里冰霜，万里雪飘”“数风流人物，还看今朝”两句中取“园”“北”和“物”字；从《七律·人民解放军占领南京》的诗名中取“京”字；从诗《七律·送瘟神》的

“天连五岭银锄落，地动三河铁臂摇”一句中取“动”字。“毛体”的牌匾就这样悬挂在动物园的入门处了。

近年来，有人提出应恢复原来北京动物园的牌匾，故又找出当年放大的“郭体”匾挂于动物园大门。

“北京动物园”一块小小的牌匾，背后却隐藏着半个世纪的风风雨雨和政治动荡，因其深刻的时代烙印，而成为历史文物，被后人瞻仰和品评。

文 /杨小燕

（北京动物园退休干部）

景山歪脖树

我从小就喜欢听故事，像许多孩子一样伴着故事一起长大。记得很小的时候就听说有一个皇帝在一个公园里的什么树上吊死了，当时我不明白皇帝为什么要上吊？在老人的故事里，皇帝总有龙一样的尊严与福气，那么，那棵足以扼杀龙的生命的树一定是出奇的雄壮与伟岸了。

童年，家人几乎带我游遍了北京的大小公园，可就是没见过那棵我一直想见到的树，只是听说它被铁链拴在景山公园里，是一棵国槐，已经有几百岁了。因其吊死过真龙天子，一直被世人称作“罪槐”，在我心里便更觉得它神秘了。同时也不免为它打抱不平：是皇帝自己想不开，为什么树却有了罪？为什么落了骂名还不够，还要用铁链拴住它？它也跑不了！

上中专时，我选择了园林专业，在学校我一点点地了解到那棵树的故事。明末闯王李自成攻入北京紫禁城，崇祯皇帝临危击鼓召集群臣，却无人响应。无奈仓皇从后门出逃，来至景山东麓，随便挑了棵树就把自己挂上了。值得一提的是，此时的西方正是英格兰大革命的前夜。

事实上，明朝早在崇祯帝即位之前，就已名存实亡了。明朝的皇帝，除了太祖朱元璋、成祖朱棣外，可以说没一个是说得过去的，有几十年不上朝的皇帝，有喜欢做木匠的皇帝，有替自己亲爹妈争名分而与大臣打了多年口水仗的皇帝，有喜欢封自己做什么将军、什么侯的皇帝，有喜欢自己乳母的皇帝，有死于红丸的皇帝，有喜欢微服私访调戏良家妇女的皇帝，真是一塌糊涂到了极致，整个二十五史，没有这么胡闹的朝代。在那个风雨飘摇的朝代里，且不说朱由检自毁长城杀掉袁崇焕、藐视闯将李自成养虎成患、旱九年涝九年的自然灾害……单是明朝腐朽的巨大惯性就足以压垮朱由检任重且柔弱的身躯。

此时，昔日帝王的威严与神秘在我的脑海里已经淡化了，他们也是有血有肉的人。我想，只要不是太细，无论崇祯选哪棵树做这件事，效果都是一样的。崇祯决不会事先知道此事，而选好一棵形象比较挺拔的树备用。不过如果他真能预见未来，也许这棵国槐会成为他与庞臣对弈时的华盖呢！崇祯不得已自悬槐树，把整个明朝的昏庸也都系于一树，“罪槐”那深深的年轮上刻着多少风云际会的故事。

历史的车轮终是不可阻挡的。明朝灭亡了，这棵树的故事才刚刚开始。清军入关后，一方面听从降将洪承畴等人的建议，抛出“顺清”言论，将明朝灭亡的矛头直指农民起义军，不仅高调地为明帝报了仇，还重点保护了明代的皇陵与宫苑，这棵树才得以和其他建筑一起保存下来，成了历史的见证。另一方面为了招顺明廷官吏、巧买人心，也为警示后人，把那棵树称作了“罪槐”，用铁链加锁，还规定清室皇族成员路过这里都要下马步行，至此这棵树似乎和时代联系得更紧密了。“罪槐”一词便来源于此。可树木又何罪之有呢？如果明帝能体恤百姓、关心国政，人民安居乐业，谁又会无端地造反呢？如果皇帝加强边防、清除内患，吴三桂又何来机会为红颜一怒放早已虎视眈眈

◎景山公园新植歪脖树

的清军入关？有罪的应是历代明帝，可国槐却挂上了代表恶孽的锁链。

清廷似乎锁住了这样的罪孽，却没能引以为戒。或者说真正想锁住的并不是罪孽，而是汉人复国的心。他们一手掐断了工商业的萌芽和人文主义的苏醒，一手关上了国门，就连汽车、洋炮也成了他们眼中的怪物，就这样故步自封了200年，从未想过要推窗看看外面是什么世界。这200年正是西方飞速前进的200年、国人思想高度禁锢的200年、世界格局巨变的200年。历史是不能容忍裹足不前的，就像自然不能容忍生物停止生长。短暂的繁荣之后，八国联军选择了合适的时机叩开了紧锁的国门，于是，金银外流、大批文物或被掠、或被毁，那条铁索就这样走出了“罪槐”的故事，清王朝或者说整个中国的封建社会也从此被动摇了。曾承载着罪孽走过两百年的铁索终于被去掉了，而这棵又一次幸免于难的国槐却承载了更加深重的罪孽。如果说罪槐被加上铁索尚有明帝放弃逃跑选择殉国的凛然、清廷为维护统治所体现出的胸襟，那么铁索的被毁除了国耻和教训还有什么？在这近200年的时间里，清朝贵族统治的中国走过了一个漫长而无谓的“轮回”。而这次轮回点和200年前的区别在于：我们长期被动挨打、受奴役的噩梦开始了，整个华夏民族开始沦落为一个长期受宰割、受压迫的巨大整体。曾领先世界几千年的光荣历史，在“罪槐”铁索剥落的那一刻戛然而止。家园没落的屈辱、外族入侵的仇恨，又一次无以复加地鞭挞着它的灵魂。还有那越来越激烈的各种思想的碰撞，似乎也在丰满着它的灵魂。

我想这棵古树经历了这么多年的磨难，一定像一位饱经风霜又充满智慧的老者，仅仅为他所走过的历程我就应该敬重他。

毕业后，我很幸运地来到景山公园工作，终于可以一睹那棵古树的峥嵘了。在师兄热情的指引下，我来到了古树的身旁，却没有发现可以“悬龙”的枝杈。

听了师兄的介绍我才知道，我们看到的已不是当年崇祯自缢的那棵国槐了。民国时期，景山曾向公众开放。在抗战和国内战争时期，那棵树又和景山一起一度无人问津。大跃进时期，这座古典皇家园林种过不少果树，后来又不种了。失去锁链的罪槐就这样孤零零赤条条地度过了这许多动荡的岁月，终于在“文化大革命”时期停住了自己的脚步。那时的红色浪潮席卷了整个华夏大地，“罪槐”也在一片“破四旧”的喊声中先被剥皮，再被“打倒”。人间的气象似乎来不及侵蚀这棵老树便匆匆褪去，一副也无风雨也无晴的豁然让它看着这些变迁，300多年再粗壮的树也要走到暮年了，但它仍旧顽强地活着，似乎一直在期待可以挺拔地向世人展现它的故事那一天。可总有些人性急等不及，这棵树的命运就这样从未有过地、如此真切地和历史扯上了瓜葛。那棵老树，就这样匆匆地走了。十几年后为了恢复历史原貌，一棵纤细的槐树被立在那里，但只能是聊以补缺。又是十几年后，在我听着那些故事的时候，园林工作者终于在东城区改造时发现了一棵树龄和形状都与“罪槐”很相近的树。不料在移栽的过程中，那棵费尽周折才选出的新树居然挣断绳索从车上掉下，刚好摔断了探出的枝杈，有人说是因为那棵树不愿再被人们称作“罪槐”……

于是，我又想起了许多年前的那个问题——树何罪之有？吊死“真龙”，带上锁链，被摘去后又受到几十年的冷落，然后被伐除。这一件件发生在它身上的事，有哪一件不是人们强加于它的呢？它无言为自己争辩，走过了封建社会，半封建、半殖民地社会，到了社会主义时期，终于被一些狂热的青年宣判了死刑。倘若它有灵气，会无怨地接受这些事实吗？如今那里又栽上了一棵更年轻的槐树仍冠以“罪槐”的恶名，它又怎样想？它愿意替前辈继续为人类承担这本不该有的恶名吗？

我不禁又要为摔断的枝杈惋惜，如果它不是那么偶然地破坏了树形，该是多好的景致，再如果那棵老树不被砍伐，我们都可以看到真实的“罪槐”了……还有许许多多的假设在我头脑里迸出。但历史是没有“如果”的，如果老“罪槐”不被砍伐，时间也会让它终老，也会有新树接班，移栽就有可能出意外，探出的枝杈是树的重心，当然会先落地……历史上许多看似巧合的事件，背后都有太多的必然，就像“罪槐”的两番受辱。就如同两个种族、文化、历史、地域、物产完全不同的国家是很难同步进化的，一旦战争在此时爆发，落后一方必然要挨打。清朝帝国也许犯下了这样那样的错误，但无论如何封建帝制的灭亡都是必然的，只是灭在谁手里的问题。时间不容我们选择，我们自己没能冲破过于完整的封建社会，就会有外力来打破它！

想着这些问题，我在树下驻足良久。看着它的树干与新枝，感觉老“罪槐”负载的一切已随根系直插地下，像取之不尽的养分滋养着年轻的生命。树或者没有思想，它依旧青枝绿叶、没头没脑地生长着，到底是什么决定了自己的命运，并不予以追究；又或者它有大智慧，像远去的先人那样，承担了传递历史的任务，那临行前的一摔也许是接受先前的叛逆吧。不管怎样，又是十几年过去了，那棵新“罪槐”已经成为园内不可缺少的景观，它和景山其他建筑互为背景地勾画着全新的皇家园林，一脉相承着前辈的生命，也从老树的故事里学会了等待，等待着家园从破败到兴旺、从荒芜到繁盛，也等待着向世人展示它的故事，而它能做的就是活着，固执地带着自己的优雅与尊严活着，今人如何对待、后人如何评说，不抵触、不迎合、不在意，难怪有人宁愿相信它是前任“罪槐”不死根系的新枝。

和许多古物一样，存是历史、亡是历史、恢复也是历史，谁还能说到景山看的仅仅是“罪槐”本身呢？“罪槐”是哪棵树已不重要了，“罪槐”的名分也不重要，我们要看的是树记录的历史、名称承载的文化。站在“罪槐”面前，就像有许多画卷扑面而来，这厚重的启迪叫人一下子无法接受。也许不是所有人都能了解它的故事，也许不必所有人都了解它的故事，就像珍藏着亘古不变的智慧的书卷，每个人都能寻找到自己的心语。或者不去咀嚼，抚摸也可以是另一种体味，慢慢地沉醉，以“我”的心灵解读他人的故事。

也许因为这棵“罪槐”长在古老的皇苑，且有一段与众不同的身世，因此由它引申出的故事也越来越多，许多人愿意把它收入相机，许多人愿意挖掘它的历史，国内外的旅游团队到此，导游必讲此树，景山也因此树而声名远播。显于人前似乎不是它的性格，但时代的变迁、历史的轮回却必定融入这棵有着非凡阅历的老树，并且它还将继续见证着未来发生的一切。旅游业的繁荣是太平盛世、各国交好的体现，但愿今后它的故事里不再添加战乱的赘笔。对古树而言，无论你注入多少思想、多少事件、多少屈辱和荣誉，它都会悄无声息地浸入漫漫的历史长河，化作大故事中的小故事。

文 /沙磊

（景山公园干部）

皇苑御碑“昆仑石”

这里说的“昆仑”，不是山而是石。曾有方家考证，昆仑石是皇家园林中一道特有的风景。它生于乾隆年间，长在御苑的山中水畔，虽属御碑，却十分质朴；不高大华美，却敦实厚重。在它身上，可以看到山、看到水、看到花树，还能看到乾隆皇帝御题的景观。

中国的昆仑山自古享有盛名，传说它是一座通天神山，山上有王母娘娘，还有瑶池、阆苑等仙境。而有多少人知道北京的皇家园林中有一类御碑名昆仑石，它的名字源于昆仑山，它的形态又是昆仑神山的化身。

昆仑石作为御碑只出现在清代乾隆年间，在北京只有在皇家涉足的园林中才可以看见，现存颐和园、北海、中南海、北京图书馆老馆（昆仑石为圆明园遗物）、南苑、达园、戒台寺等处的昆仑石碑约有九座，它们长得如同九个孪生兄弟，只是大小高矮不一。所有昆仑石，均圆首碑身，用一块完整的巨石雕琢而成，碑身下面连着长方形石座，首身相连，古朴自然。静观它的形态：圆首高耸的碑身，恰似一座巍峨雄伟的神山，深浮雕海水江崖纹的碑座，又好像围绕神山浩瀚无垠的海水。所有昆仑石的石座上部，都有两个对称的凹洞。洞中或种植长寿柏树、或种植水生荷花，

◎皇苑御碑

表示自然界的生物繁衍。整个昆仑石的建造，很符合神山仙界的环境。这方包容天地万物的小小御碑设置在皇家御苑中，不仅仅是山水风光的点缀，还喻示着大清王朝江山永固、天下一统。更为珍贵的是：在所有昆仑石上，都镌刻着乾隆皇帝的御制诗文，这些诗文或咏叹当地的风物，或记载一个工程；每一座昆仑石都有一段不凡的经历，它们是皇家园林200多年历史和景观的见证。

双柳题咏御碑

北京御苑中最早出现的一座昆仑石是南苑海子饮鹿池畔的双柳树碑，此石通高2.6米，造型庄严肃穆，气势雄伟，是北京诸座昆仑石中最大的一座。顾名思义，双柳树碑是乾隆皇帝专为生长在这里的两株古柳而立。

《日下旧闻考》南苑册上有一段对双柳树和双柳树碑的记述：“双柳树在海子居中之地，旧有古柳二株，先后凋枯，随时补植，并蒙天章题咏，遂为苑内名区矣。有水一道，为饮鹿池。昆仑石在池之西，四面恭勒御制南苑双柳树暨春云海户谣杂言诸诗……”原来，在清代初年，有两株巨大的古柳生长在南苑海子饮鹿池的北岸，它们枝杈交错，相依为伴，好像一对恩爱的夫妇。乾隆五年（1740年），皇帝游幸此地，见到其中的一株古柳枯萎了，有些感慨，于是下诏谕在原地补植一株，同时作了一首《南苑双柳树》诗，诗云：“南苑双柳树，昔年何葱菁！两株立平原，千丝织晚晴。因循失其一，独树若无荣。至今行路人，犹道双柳名。岂无补植者，枯萎率不生。嗟哉草木质，尚有相怜情。徘徊不能去，长歌代柳鸣。”随后，在池西立下了这座昆仑石，并将诗镌刻在昆仑石的正面，以示后人。四年以后，双柳中的另一株又枯萎了，乾隆皇帝又重新补植了一株，同时作了一首《双柳树诗》，并在池东立一石幢，把这首诗刻在幢上，诗云：“南苑双柳树，厥名亦已久。临池弄清阴，婉婉盖数亩。岁月与俱深，麋麚相为友。昔曾枯其一，秋风自凄吼。何人见怜之，补种复成偶。我闻未枯树，却种曾枯后。迭为主与宾，遑论新兮旧？曰名不如实，斯柳以名寿。”乾隆皇帝御题在一石一幢上的感怀诗章，使普普通通的两株古柳成为御苑内的一处名胜。但是，双柳树实在是有失君子望，当乾隆皇帝两年后再次来到此地时，双柳只存一树菁葱，另一株又枯萎了，于是他写下了《御制南苑双柳树复枯其一叠韵志感》，其中有“种树补成双，双双期未久。经年此一过，独树临芜亩。”的诗句，对两株古柳的生死感到无奈。此后，乾隆皇帝多次游及此地，但再也没有提过双柳树，双柳树的命运便无人知晓了。乾隆二十八年（1763年），双柳树昆仑石上增添了《春云》《杂咏》《海户谣》三首御制诗，诗文吟咏当时当地的风景，却与双柳树毫无关联。如今，时过200多年，双柳树已渺无踪迹，石幢也破碎无存，只有昆仑石默默地伫立在以“饮鹿池”为旧底深挖开辟而成的大兴红星养鸡场鱼池的西岸，石的位置曾有移动，朝向也被改变，但南苑海子曾经的风光依然演绎在御碑石刻的字里行间。

“昆仑”坐揽“太液”

北京御苑中最具特征的一座昆仑石，在北海琼华岛白塔下的永安寺内，高1.7米，石身阳面大书“昆仑”二字，是乾隆皇帝在此处观景有感而立，又是一处景观的标志。北海是中国现存最古老的皇家园林，它中心的山称万岁山，水域名太液池，全园以神话中的“一池三仙山”（太液池、蓬莱、方丈、瀛洲）构思布局，富有浓厚的幻想意境色彩；亭阁楼榭隐现于幽邃的山石之中，波光塔影，宛若仙境。乾隆十七年（1752年）冬去春回的一天，太阳暖暖的，北海中的梅花开得郁郁葱葱，乾隆皇帝登上白塔山，抚摸着艮岳美石，眼观湖山胜境，触景生情，即兴作诗：“飞阁流丹切颢空，登临纵目兴无穷。北凭太液平铺镜，南接金鳌侧饮虹。冬已半时梅馥馥，春将回处日融融。摩挲艮岳峰头石，千古兴亡一览中。”并在琼岛山腰中背山面湖立下这座石碑，御题为“昆仑”，将他所作的即景诗镌刻在石身上，以表达他身临此处时观乎其景，发乎于内心的感受。同时，以“昆仑”石所处的环境和观赏到的风景，在石身东侧镌刻御制诗《题艮岳石》：“木凤曾同燕用来，一拳独立劫馀灰。月明仿佛广寒殿，勃窣嫦娥白玉台。”西侧镌刻御制诗《雨后瀛台览景杂咏》中的一段：“水增太液漾兰船，汀芷溪芑意尽鲜。恰似去年明圣畔，柳舒花

◎北海昆仑石的背面

放暮春天。”诗文与自然交融，即时即景，自然贴切。

《日下旧闻考》卷二十六中详细记载了这座昆仑石的位置：“永安寺入门为法轮殿。殿后拾级而止，左右二亭，东曰引胜，西曰涤霭。亭后各有石，东曰昆仑，西曰岳云。”如今，“昆仑”石依然立于“仙山琼阁”之中，用它独有的形态坐览着太液风光和众多神山仙境般的美景。难能可贵的是，石身一侧凹槽内，一株松柏挺拔青葱，它告诉世人，这就是昆仑石的景观原形。

沼地变成湖泊

在京西诸座园林中，最晚出现的达园中也有一座昆仑石，它记录了历史上的一期皇家工程。达园是军阀王怀庆的私家花园，这座花园建于“民国”八年至十一年间（1919~1922年），但昆仑石的建造却早了这座园林很多年。原来，达园的园址设在圆明园福缘门前一带，乾隆初年时这里曾是一片空旷的沼泽地，每年雨季来临时，沼泽地到处积水，满地泥泞，很难行走，影响到圆明园的进出。为解决这个问题，乾隆二十八年（1763年），皇帝不惜动用大量的人力、物力进行浚治，在沼泽地上挖出东西二条扇子河，将沼地变成湖泊。新挖成的东西扇子河中间铺设一条花岗岩石御路，御路中间建起一座有三个拱洞的汉白玉石桥，使两面的河水可以流通，桥的南北两端还各衔接着一座石舫，直达圆明园大宫门前。通过浚治，皇苑的门前再也没有了泥泞，往来的车马也不用发愁行走之难。乾隆皇帝很得意这一工程，特御书《前湖》诗一首，诗云：

御园之前本无湖，而今疏浚胡称乎。
石衢之右地下隰，迩年遭潦水占诸。
衢左亦不大高衍，往来车马愁泥涂。
因卑为泽事惟半，取右亦左功倍俱。
……

并立下这座昆仑石，将《前湖》诗镌刻在昆仑石上以作纪念。

东堤原是西堤

北京御苑中昆仑石最多的地方在颐和园，一共有三座，分布在昆明湖的东西岸畔，其中耕织图昆仑石和绣漪桥昆仑石是描绘景观的，而我们文中要说的东堤昆仑石，则记述了颐和园昆明湖和东堤形成的历史。

东堤昆仑石坐落在昆明湖东岸镇水铜牛的北面，高1.85米，坐西面东，它立于乾隆二十九年（1764年）颐和园的前身清漪园竣工之时，石身的东侧镌刻着这样一首御制诗："西堤此日是东堤，名象何曾定可稽。(西堤在畅春园西墙外，向以卫园而设；今昆明湖乃在堤外，其西更置堤，则此为东矣。——诗中御注）展拓湖光千顷碧，卫临墙影一痕齐。刺波生意出新芷，踏浪忘机起野鹭。堤与墙间惜弃地，引流种稻看连畦。"原来，在乾隆皇帝未挖昆明湖前，这里有一处水域称西湖（也称瓮山泊)，湖东面有一道长堤，这条长堤大约从万寿山前的中部开始往南直至现在的南湖岛。长堤的东面是稻田和水洼地。这条长堤在畅春园的西面墙外，又是北京城西部的防洪堤，于是人们便把它称作西堤。1749年冬，乾隆皇帝为建清漪园调动大量民工挖浚昆明湖，他们将原有的西湖水面向东拓展，西堤随之被铲平。同时，在挖好的昆明湖东岸用三合土筑造了现在这条又宽大、又平坦的东堤，并在昆明湖的东堤上立下这座昆仑石，将昆明湖历史上堤岸的沧桑变化记录在碑石上，这就是我们今日看到的"西堤此日是东堤"。

一座小小的昆仑石，天圆地方，包容万物，正可谓是皇家园林"移天缩地"的真实写照。笔者提到的四座昆仑石，只是它们之中的一部分，愿这道别具特色的人文风景能够代代延续，魅力永存。

文 /翟小菊

（颐和园学会秘书长）

祭祀用灯趣谈

明清时期，每年的冬至日皇帝都要在天坛圜丘坛举行隆重的祭天祀典，正月上辛日在祈谷坛举行祈谷典礼，行礼时间为“日出前七刻”，大约相当于现代时间的凌晨4点。典礼中皇帝率文武百官要按照严格的礼仪程序完成祀典的各项议程。

祭天祀典礼仪浩繁，行礼之际正值冬夜，如此浩大的典礼和各项准备工作既不能出任何纰漏又要井然有序，而这一切活动不可能在黑暗中完成，那么照明问题是如何解决的呢？其实古人早就制定了严格的程序和规制，不但解决了各项活动的照明问题，还极具祭天氛围。

昔年天坛，皇帝在祭祀前要在斋宫进行斋戒，斋宫内的照明用灯为悬挂的“六角宫灯”，宫灯共有六个面，每个面施以绢，绢面绘画，灯下垂穗，六角宫灯常作为皇家的起居用灯。

在连接天坛各主要建筑的道路两侧用于照明的灯为“戳灯”，其高约2米，柱径约10厘米，柱上端有木托盘，盘上置六边形木灯罩，内糊红纸，通体髹朱，内插三两重黄蜡，灯柱直接插入带圆孔的石座上，其主要是用于道路和坛面的照明。

在皇帝临坛的一些道路两侧还有用灯，曰“插灯”。其形状与戳灯同，唯下端置铁钎可直接插入地面而不用石座，用毕收存，它也用于一般的门道照明。

◎青羊角甗灯

皇帝在祭天行礼时殿内陈设用灯为“座灯”，木制，灯高约2米，柱径约10厘米，柱下为十字地伏，上承绣球如意云朵雕饰并支撑，柱上端为木托盘，木托盘下边也以如意云朵雕饰支撑，内糊蓝纱，置放三两重挂红白蜡1支，它主要用于神位两侧的照明，而殿外的座灯糊红纸，内设三两重的黄蜡，殿内陈设还有“金镶青羊角灯”“金灯”“软金丝灯”“青羊角魫灯”，它们统称为“金灯”，虽都为照明用灯，但形状各不相同，规制有别。

◎软金丝灯

皇帝诣坛行礼时，有“提灯”引导皇帝前行，这种提灯要成双使用，灯高50厘米，直径25厘米，手柄长60厘米，它是恭请神牌和恭读祝文时的照明用灯。

嘉庆年间杆木通高已达十一丈九尺五寸，是因为乾隆年间由四川得到了大木，较“雍正年间定例原系九丈”加上“埋深二丈”多出3米余长。从雍正到嘉庆的近百年间，以灯杆保固年限计，其主杆至少已更换过六七次，限于当时的生产力水平，每次更换的主杆高度也会不尽相同，但如此高大的楠树主干应高40余米，掐头去尾，加上采办维艰、运输困难、制作耗时，所以其实际尺寸应以敷用度为先。但雍正年间主杆高度定例“原系九丈”却是不可更改且必须保证的，以崇规制。

望灯杆戗木及支撑点半径

每望灯主杆支以戗木三根，以主杆为圆心三戗木朝向分别为东北、东南和正西。戗木高度历代变化不大，嘉庆七年（1802年），《则例》载：“……戗木九根各明长六丈一尺，均折围宽三尺九寸。”嘉庆二十三年（1818年）天坛望灯杆因虫蛀损毁严重急需修理，由于采办木植未到，皇帝钦派大臣赶赴天坛查看后，又不能及时更换，遂将望灯杆木暂添铁箍以资保护，只等大木运到后再照例制作更换。历经4年，于道光二年（1822年）九月大木运到，至四年（1824年）五月制作完成更换，共历时18个月。由于戗木较主杆短许多，所以其取料相对容易，其通高六丈一尺则一直变化不大。

由于乾隆年间办到了大木，较雍正年间定例“原系九丈”高出九尺五寸，由于高度增长，经年以后显然出于稳固的原因，嘉庆七年（1802年）“工部侍郎苏楞额遵旨覆勘，天坛望灯杆三座，戗木升高，改竖其迤南戗木一根并著改安墙外，钦此……”在此之前的九根戗木均在壝墙以内，基部距心点半径不超过68米，而此时戗木距主杆的倾角达68°，支撑力量已明显不足，遂在嘉庆七年（1802年）将南部望灯迤南戗木改竖于壝墙外，而戗木上端支撑点则相应降低，而迤西三杆戗木也相应改安墙外。此时南望灯的西、南二戗木都已在墙外了。改安墙外后戗木基点距心点半径达11.9米，较前在壝墙内时的半径增加了5米，半径倾角已小于60°，从而使主杆的稳固性较前得以加强。1991年底，墙外迤两戗木砖石基础遗址相继被挖出以供观瞻。

望灯和无量杆

《天咫偶闻》记："坛旁有天灯杆三，高十丈，镫（灯）高七尺，内可容人，以为夜间骏奔助祭者准望。"较为准确地描述了望灯的形制及作用。以天坛存档文物照片为据，测得望灯高与直径比，望灯为铁丝织成龟背锦花纹的灯笼套，宛若瓮形，直径约1.5米，围径约4.7米，为大型提灯，祭祀时内插白蜡烛5根，待听到皇帝从斋宫起驾的钟声响起后即时点燃，以绳上升至"无量杆"前端高照，同时有信号和警示作用。

《则例》卷七载："……西南望灯台三，各建灯杆一、戗木三、无量杆各一，望灯各一。"此处的"无量杆"即横挂主杆上部的横杆，天坛库内有存，其两端垂花，通长7.91米，直径0.22米，锻铁为箍8，中部铁吊环2个，为祭祀时升用；一端设滑轮1个以升望灯，另一端下垂铁环2个，祭祀时用2根青绒绳同时牵拉固定分南北，以控制望灯使之高挑并稳定地指向东方。

《则例》卷七载："……灯杆三座，露明木身高八丈八尺，自台座以下连埋深共二丈，通高十丈八尺，连琉璃顶共十一丈……"北平坛庙事务所1935年档案："……该灯杆原有三根，当年又拆除其二，下余一根亦于4月26日被狂风将杆身上段及琉璃帽吹折，幸未损及墙垣……"由此我们知道杆顶材质为"琉璃"。天坛文物库现存一黄

◎祭祀用灯的摆放

色琉璃宝顶及座圈，宝顶中空，大径0.51米，小径0.41米，高0.41米，宝顶斜侧有裂并铁锯。据载：“……（1935年）4月25日夜大风，望灯杆被风吹折，杆顶摔碎，倒下灯杆砸伤西壝墙瓦二段……”由此可见，由于迤西戗杆上支撑点较其余二戗杆支撑点低，时值五月东南风劲吹，使早已朽坏的灯杆由西戗杆上支撑点不远处折断并向西倾覆，西壝墙垣成为缓冲，墙外为草地，使得倾覆之杆顶琉璃帽免遭粉碎厄运，使我们得以见到实物。

天坛是中国礼制建筑的典范，圜丘在天坛主轴线之南端，望灯台坐落于圜丘坛西南角。遥想当年礼天，三杆耸立直指苍穹，灯光摇曳，满足和抒发了天人合一的特殊理念要求，其形象特征和造型也代表了当时的工艺水平。

综合了各历史时期记载，1994年，天坛完整恢复了北面一座望灯石台和灯杆，再现旧时景观，以供游览。

文 /孔繁勇

（玉渊潭公园副园长）

清代园林中的流杯亭

曲水流觞是由古代三月上巳举行的“修禊”活动演变而来。“修禊”也称“禊祓”，原是一种临水洗涤，禳灾祈福的祭祀活动，“修禊”从早期由女巫掌管的祭祀仪式逐渐发展成为郊外踏青游乐的民俗活动，再演变为文人士大夫的一种临流赋诗、饮酒赏景的风雅活动。使曲水流觞延续千年缘于这样一次聚会：东晋永和九年（353年）春禊日，王羲之与东晋名士孙绰、谢安等40多人在会稽（今浙江绍兴）山阴的兰亭溪畔举行曲水流觞的活动。“此地有崇山峻岭，茂林修竹，又有清流激湍，映带左右，引以为流觞曲水，列坐其次，虽无丝竹管弦之盛，一觞一咏，亦足以畅叙幽情。”各位文人雅士列坐溪边，盛着酒的羽觞在溪水中随波逐流，每人取觞饮酒赋诗，共得诗作37首，结为《兰亭集》。由书圣王羲之作序并挥毫泼墨，以神来之笔写成千古名作《兰亭集序》。正是这次极尽风流的兰亭雅集，为后世留下了隽永的诗文，留下了堪称天下第一行书的《兰亭帖》，留下了风行后世的曲水流觞。这次“曲水流觞”的环境和形式，也成为中国园林造景最佳的模仿对象。

隋代，隋炀帝于大业元年（605年）建洛阳西苑，“苑内造山为海……海东有曲水池，其间有曲水殿，上巳禊饮之所”。唐代每年三月三，长安城中，上至达官贵人下至平民百姓都到曲江池边聚会，“三月三日天气新，长安水边多丽人”。唐西京苑内建有流杯亭，此外北枕渭河的临渭亭，也是禊饮之所。宋代宫中的流杯亭在金明池。北宋李诫奉旨所撰的《营造法式》中规定了“造流杯石渠之制”，对“剜凿流杯、垒造流杯”的备料、取材、造作程序的记载颇为详细。还记载了流杯渠的形状：“其渠道盘曲，或作‘风’字或作‘国’字。”可见当时在园林中营造流杯渠已相当普遍。元代流杯亭在太液池西岸的兴圣宫，《日下旧闻考》载：“兴圣宫中建小直殿，引邃河分流其下，瓮以白石，翼为仙桥，四起锁窗而抱彩楼……（楼）稍东有流杯亭。”“圆殿在山前，圆顶上置涂金宝珠，重檐。后有流杯池，池东西流水圆亭二。”

清代皇帝虽为满族，却深受汉文化的熏陶。尤其是乾隆皇帝，在“万几余暇”之时，鉴藏古玩，写诗作赋，阅读经史。虽为一代帝王，但他的内心却充满着对那种“坐石临流”“半榻琴书”的文人生活情调的追求。康熙、乾隆南巡时，都曾亲临兰亭瞻仰。清代统治者仰慕兰亭故事，移植江南名胜，附庸风雅，效法曲水流觞、避邪祈福，在皇家园林、寺庙及王府的花园中，建有不少曲水流觞的景点：中南海的流水音亭、紫禁城宁寿宫中的禊赏亭、潭柘寺的猗玕亭、承德避暑山庄的曲水荷香亭和含澄景亭、圆明园的坐石临流亭和寄情咸畅亭、恭王府花园的沁秋亭、醇亲王墓阳宅内的流杯亭。每处景观均以兰亭曲水流觞之事为主题，以流觞亭为中心，以会稽山阴兰亭溪畔的自然山水为摹本，叠山理水、栽花种竹，并融入文人的情感，将曲水流觞浓缩于小小的园林之内。

清代西苑（今中南海）中的流杯亭，建于康熙年间。康熙题名为“曲涧浮

◎故宫流杯亭内曲水流觞

花”，乾隆改为“流水音”。《日下旧闻考》载：“韵古堂左侧有垣门，门东为流杯亭，垣门石刻圣祖御书流杯亭匾额曰‘曲涧浮花’，皇上御书额曰‘流水音’。联曰‘积素坠枝全作雨，悬流落涧半成冰’。”这座流杯亭的地面与太液池的水面等高，通过机关控制水流，流杯亭内水槽里的水可自然流动。水槽内的酒杯随水漂浮。乾隆皇帝很喜爱这座流杯亭，曾作诗咏之。乾隆九年（1744年）御制诗《题瀛台流杯亭》：“凭栏俯碧流，佳景喜相酬。素色因心净，清音与耳谋。仙人捧醇酎，春鸟弄箜篌。恶旨思前戒，盈科悟进修。”

紫禁城宁寿宫建于乾隆三十六年（1771年），乾隆将其作为自己归政后颐养天年之所。禊赏亭坐落在宁寿宫花园古华轩西南，为一座中央四柱重檐高起，东、南、北三面各出一间卷蓬抱厦的亭式建筑，平面承“凸”字形。亭子的彩画油饰以竹为题，汉白玉栏板上浅刻竹枝图案，望柱雕成竹节形，象征王羲之“茂林修竹”之境。亭内有石雕流杯渠，渠道蜿蜒总长27米。其水源来自假山后的水井，人工汲井水蓄入缸中，缸下有漏空，水从漏孔通过管道流入流杯渠，利用水的落差，再由渠中泄水口潺潺流入井中，如此循环往复。《日下旧闻考》载：“抑斋后为古华轩，轩西亭额曰‘禊赏亭’，亭中恭刊御笔临董其昌兰亭记。”乾隆御制诗《题禊赏亭》曰：“有石巉岩有竹攒，流觞亭里石渠盘。他年辽待临王帖，视昔由今正好观。”

潭柘寺相传建于晋代，原名嘉福寺，唐代改名龙泉寺。因附近山上有龙潭和柘树，故俗称潭柘寺。历经宋、金、元、明多次重修。康熙帝曾数次驾幸潭柘寺，赐金重修，并亲自为山门书写匾额“敕建岫云禅寺”，乾隆也多次到过这里，寺中许多建筑上都留有他的御笔。寺庙的东路建有清朝皇帝的行宫，清泉淙淙，绿竹葱茏，颇具江南园林的意境。行宫院中的流杯亭为“潭柘寺十景”之一，是一座单檐四角攒尖亭式木建筑，坐北朝南，油漆彩绘，乾隆御笔题额“猗玗亭”。亭内地面为汉白玉铺成，石上凿出十余厘米宽的水道，蜿蜒曲折。由寺后山中引龙潭清泉，经竹林从亭东侧一个汉白玉雕的龙头口中流入，沿石槽几经盘旋，从亭西侧流出，设计独具匠心。《日下旧闻考》载：“流杯亭额曰‘猗玗亭’。亭后书室额曰‘清境’。联曰‘石上水流动皆静，云间山出幻而宁’。皆皇上御书。”乾隆皇帝在游寺时为流杯亭题诗一首，名为《猗玗亭》：“扫径猗猗有绿筠，频伽鸟语说经频。引流何必浮

◎避暑山庄“含澄景”

觞效，岂是兰亭修禊人。”

承德避暑山庄始建于康熙四十二年（1703年），是清朝最大的皇家园林，面积达560公顷。这里山水环绕，气候凉爽。康熙以四字为名题景36个，后乾隆又以三字为名题景36个。其中的“曲水荷香”是康熙御题三十六景之第十五景，为一座水中方亭，方亭中排列山石，形成弯曲的水渠，热河泉水顺渠流入，泉水出亭向南汇入池沼，池沼中有亭亭玉立的荷花，花瓣飘落水中，顺水盘旋而下，“兰亭觞咏无此天趣”。据《热河志》记载，曲水荷香“下临曲沼，藕花无数。荷植亭亭，翠盖红葩，愉然香远。”

“香远益清”是承德避暑山庄康熙三十六景中的第二十三景。前殿五间，康熙题额“香远益清”，名字取自宋代周敦颐的《爱莲说》。后殿三间，前后临池，池中栽种有荷花，稍西的“依绿斋”左侧有方形流杯亭，康熙题名“曲水荷香”，后乾隆改名“含澄景”。

被誉为“万园之园”的圆明园，始建于康熙年间，是康熙御赐给雍亲王胤禛的花园。雍正时期进行扩建成为御苑。乾隆时进一步增建和整修。历时150余年，终于成为一处占地350公顷的大型皇家宫苑。圆明园集天下美景于一园，有着“移天缩地在君怀”的气魄和“天上人间诸景备”的恢宏。乾隆先后六次巡游江南，遍游江南名园，见到中意的园林，均命随行画师摹绘成图，回京后在圆明园中仿建。因此圆明园融皇家园林的金碧辉煌与江南园林的清秀雅致于一园。《雍正十二月行乐图》中的《四月流觞》是清代宫廷画家结合圆明园的园林风光创作的，展现了清朝宫廷曲水流觞活动的场景。圆明园中建有两处风格不同的流杯亭，一处是圆明园的坐石临流，另一处是绮春园的寄情咸畅亭。

“坐石临流”是圆明园四十景之一。流杯亭位于此景的西北部，最初是一间小型重檐木柱亭。雍正时期已建成，称流杯亭，乾隆初年定名“坐石临流”。乾隆九年（1744年）御制诗《坐石临流》诗并序中记述了乾隆对此景的描述：“仄涧中漈泉奔汇，奇石峭列，为坻为碕，为屿为奥。激波分注，潺潺鸣籁，可以漱齿，可以泛觞。作亭据胜处，泠然山水清音。”诗云：“白石清泉带碧萝，曲流贴贴泛金荷。年年上巳寻欢处，便是当时晋永和。”流杯亭东、北两面围以小山，西面隔水与稻田相望。水从北面堆叠着山石的小山洞口流出，犹如一条流水潺潺的山涧，经过流杯亭后，再慢慢流入小溪。在泉水附近种植茂密的竹林，不仅周围的自然环境模仿浙江兰亭，而且以书法、诗文表现文化内涵。乾隆四十四年（1779年）乾隆帝从内府藏帖中辑得历代书法名家直接或间接临摹的《兰亭帖》墨迹六册，即唐代虞世南、褚遂良、冯承素分别临摹的王羲之《兰亭序帖》、唐柳公权书《兰亭诗并后序帖》、明代戏鸿堂刻《柳公权书兰亭诗》、明董其昌临《柳公权书兰亭诗》。乾隆帝又令大学士于敏中补柳帖之漫漶成一册，再加上自己临摹董其昌所仿《柳书兰亭帖》一册，合为《兰亭

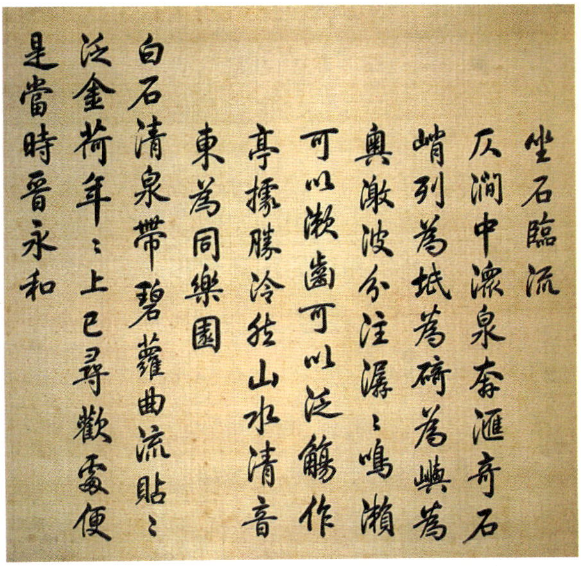

◎坐石临流咏

八柱之册》。乾隆下旨将此亭由西向三开间重檐亭，改建成重檐八方亭，外檐悬乾隆御书“坐石临流”匾，在八根石柱上每柱刻一帖。“因就此亭易以石柱，而各刻一册于柱，以永其传。”并在亭中竖立一座巨型石屏，屏的正面镌刻《兰亭修禊图》，表现东晋王羲之兰亭修禊的情景。上方刻有乾隆己亥（1779年）暮春题兰亭八柱册并序的全文。碑背面刻有乾隆九年御制诗《坐石临流》及己亥（乾隆四十四年，1779年）、壬寅（乾隆四十七年，1782年）、乙巳（乾隆五十年，1785年)御制诗《题兰亭八柱》。

圆明园被毁后，此亭仅存兰亭碑石屏和八根帖刻石柱。宣统二年（公元1910年），八根石柱和石屏移至颐和园，1935年又移至中山公园。现存中山公园唐花坞西侧，为中山公园“景自天成”八方亭的组成部分。

清夏斋是绮春园中的一处园中园。嘉庆御制诗《绮春园记》描绘了清夏斋的环境：“殿宇宏敞，池水澄洁，有修竹数竿，苍松百尺，薰风南来，悠然自得。”清夏斋殿是南向七间工字大殿。寄情咸畅亭与清夏斋殿隔池相望的，外檐悬“寄情咸畅”匾。亭为正方形单檐，石座上模仿河溪的蜿蜒曲折凿出弯曲的小水槽，中心部分原由九石拼成。据清样式房一幅《南园流杯亭座尺寸图》记载，亭为正方12柱，柱内由28石组成，9石东西通宽为3.68米，南北通长为3.2米；渠宽16厘米，深9.6厘米，石厚38厘米。

1860年圆明园罹劫后，清夏斋一景尚存一些房屋。至1900年八国联军入侵时，所有建筑均被毁。寄情咸畅亭的流杯渠石座，约在20世纪40年代流失园外；1981年7月，由圆明园管理处从北京大学五四运动场运回园内；现陈列于西洋楼远瀛观遗址东侧。

北京什刹海恭亲王府花园内的沁秋亭是众多王府中唯一的流杯亭。恭亲王府最后的主人是道光皇帝的第六子恭亲王奕䜣和他的嗣孙溥伟。前身是权相和珅府，后又为庆亲王府。这座沁秋亭，单檐六角攒尖，灰瓦覆顶，红漆木柱，古香古色，小巧别致，亭内地面凿有弯曲的水道。靠牲畜拉水车汲水，水从南侧假山的井中潺潺流入亭中水槽。周围翠竹环绕，幽静雅致。这座流杯亭是仿照紫禁城宁寿宫中的禊赏亭而建，其规格略小，但也更为精巧。

醇亲王墓位于北京西郊海淀区北部妙高峰山下，是清道光帝第七子醇亲王奕譞的陵墓，俗称“七王坟”。1984年5月公布为北京市文物保护单位。七王坟筹建于同治七年（1868年）。墓地分为阴宅和阳宅，阳宅在阴宅的北侧，面积比阴宅还要大。醇亲王生前自取别号“退潜居士”，因此陵寝的阳宅命名为“退潜别墅”。它是一座依山势而建的五重院落，也是一处构思精巧的园囿。第三进院落为醇亲王的寝院，流杯亭就位于这进院落的正房北侧。流杯亭的四角留有柱础石，但建筑已不存。正方形的石质基座保存完好。水自石槽西南角流入，顺石槽至东南角流出。

这些或完整或残缺的流杯亭，浓缩了深厚的历史文化内涵，融入了士大夫的高雅情致，再现王羲之当年兰亭曲水流觞的情景。徜徉其间，仿佛置身于“永和”故事之中，然其盎然之情趣，又胜于“永和”之日。

文 /陈辉

（《景观》杂志通讯员）

铁影壁的故事

久居京城的人，大多知道在城内有个铁影壁胡同，可现如今在这胡同里，我们却找不到那面神秘的“铁影壁”。那么，铁影壁究竟被人安放到哪里去了呢？其中又有怎样的故事呢？请听我慢慢向您道来。

相传在元代，铁影壁乃京城五大金属古迹之一，即地安门的金门墩，东安门外的银闸，新街口北的铜井，太液池北岸的锡殿（即五龙亭旧址），以及德胜门内的铁影壁，合称京城金银铜铁锡五大古迹。如今，金银铜锡已无迹可寻，只有“铁”这一古迹现存于世。它原本是元代健德门（德胜门外）北土城城关口内一座古刹前的照壁。明初修建北京城时，将元大都的北城墙向南缩移3公里，铁影壁被遗弃郊外。几年后，移回城内，做了德胜门内护国德胜庵前的照壁。而此庵所在的街道就被当地人们称为铁影壁胡同。

铁影壁虽称之为“铁”，但壁却并非是铁铸的，而是用一座中性火山岩石雕成，由于其颜色和质地很像铸铁，故称之为“铁影壁”。铁影壁顶部是呈单檐歇山式，上面雕刻屋脊、瓦陇以及勾头、滴水。壁身前后各雕有一大狻猊：正面为雌狻猊，栖息于山林之中，在雌狻猊的前后及腹下，还有三只小狻猊，活灵活现，生动有趣；壁的背面刻有雄狻猊，其四周雕刻山石树木点缀；一排展翅飞腾的天马雕于壁身下部，栩栩如生。这样精美和完整的元代大型浮雕在我国十分稀有，其雕刻技法和艺术构图极其精美绝伦。

这座珍贵的大型浮雕，历经沧桑能够得以保留下来，其中还有一段不为人知的小故事。

据史料记载，“民国”三十六年（1947年），曾有一个英国人多次试图以重金诱买铁影壁，企图将这座珍贵的元代遗物运出中国，占为己有。但他

◎北海公园铁影壁

却遭到了德胜庵住持僧人的拒绝。为了保住铁影壁不被外强掠去，住持僧人忍痛砸坏了铁影壁正脊两端的吻兽和叉脊口。从此，就因住持僧人的举动，铁影壁成为了一座残壁，使那个英国人完全打消了运走铁影壁的念头，因祸得福的铁影壁就这样被保留下来。

时光荏苒，我们来到1948年，经历了500多年风雨侵蚀的铁影壁，已经开始逐渐倾斜，随时有倒塌的危险。当年，行政院北平文物整理委员会工程处致函北海公园事务所，将铁影壁移至北海公园澄观堂前。北海公园事务所用大圆镜智宝殿内拆除三藏塔下的耐火缸砖，外抹水泥砌筑新的底座，来代替当时下落不明的须弥座（铁影壁的原底座）。而当时未曾找到的须弥座仍在铁影壁胡同原地存放，多年来没有被人发现。直到1986年《北京晚报》编辑部转给公园的一封人民来信，才为找寻须弥座提供了重要线索。根据这一重要线索，同年，公园工程队在铁影壁胡同挖掘出与壁身分离多年的须弥座，经粘接和修补，将铁影壁归还于原座上，使其重现500年前的风姿。

如今，我们能有幸在北海公园北岸观赏这一元代珍贵文物，应感谢当时那位“伤害”过铁影壁的僧人，是他用智慧和胆识为我们留下了宝贵的财富，这就是铁影壁的故事。朋友，让我们记住铁影壁吧，记住那段令人可歌可泣的故事。

文／赵晶

（原《景观》杂志工作人员）

彩画人间

古代建筑上的彩画最能突出中华民族的艺术特色。欧式建筑装饰和中国古建装饰的重大区别也在于彩画。二者所使用的工具和颜料不同，差别迥异。明清时期是中国建筑彩画发展最辉煌的时期，此时，无论官府还是民间，都对彩画都有了程式要求。

多少年来，“金碧辉煌”“雕梁画栋”等字眼都是形容中国古代建筑的典型词语，人们使用起来会毫不吝惜。当人们在景山之巅的万春亭向南俯瞰紫禁城金灿灿的建筑群时，当人们漫步颐和园728米的长廊仰视时，这两个词总会在心头浮现。

彩画是过去营造业“瓦、木、石、扎、土、油漆、彩画、糊”行当之一，这几项被称为“八大作”。而这几个行当里唯有彩画行的人，才被唤作先生，敬的祖师爷是唐代画家吴道子。清末民初，有名的彩画先生有林泽瑞、王肇春、名师古彩堂和曾为梁思成先生讲解彩画的祖鹤洲。

关于颐和园长廊彩画，彩画先生按照建筑形式的不同，分别画了大小不同、内容广泛、形式多样的14000多幅彩画，最引人入胜的是307幅人物故事彩画。它们大多取材于古典文学名著、神话传说、戏曲故事，然而画面上并无任何文字告诉游人画的是什么，人们只能根据画上的人物表情、场景布置、动作造型和观者自身文化修养来猜测判断故事内容，对中国传统文化理解得越深，越能讲出故事的内涵。因为每个故事都有其寓意，比如忠孝节义类的有岳母刺字，看懂了故事方知其寓意，实际上也是彩画先生留给后人的谜语。

彩画中的花鸟画同样寓意深刻，但不太被人关注。因为此类画看起来写实，容易忽略，其实这类画是利用花鸟的象征意义与汉字的谐音创造出吉祥如意的画面。例如牡丹和两只白头鸟寓意“富贵白头”；荷花和燕子寓意“海晏河清”；菊花和麻雀则表示“居家欢乐”；喜鹊和梅花就是“喜上眉梢”了。

建筑史说，中国建筑用色大胆强烈，绚丽的色彩和彩画是建筑等级和内容的表现手段。屋顶黄色，尤其明黄琉璃瓦，绝对是帝王专用或特准使用。民居等级最低，只用灰色陶瓦。主要建筑的殿身、墙身都用红色，次要建筑的木结构用绿色，民居、园林杂用红、绿、棕、黑等色。梁枋、斗拱、椽头绘彩画，以青、绿色调为主，间以金、红、黑等色，以用金、用龙的有无、多少来区分建筑等级。摒弃等级的含义，仅从色彩上看，彩画对表达建筑的美感起画龙点睛的作用。可以想象，蓝天、黄顶、红墙、白台阶，这之间加上青绿色的屋檐，一系列的颜色在光影之下便有了色彩变幻，有了节奏和韵律，会让人产生怎样的联想呢？

其实长廊彩画绚丽的背后，不光是为了让人们欣赏，还有着彩画功能性的一面。谙熟中国古代营造行的人知道，古建筑没有纯粹的装饰，每种东西都强调其存在的使用价值。故宫博物院退休的高级工程师、毕生从事彩画的王仲杰老先生说过，彩画的功能有三方面：保护木构、装饰建筑和反映建筑用途。王先生有一块清代的“地仗”，所谓“地仗”，就是在木构上用专门的材料做的一层厚厚的保护层。清代官式的“地仗”采用砖粉作骨料，猪血、桐油、面粉作粘接料，再杂苎布（苎麻茎皮纤维做的布），覆盖在木头表面，然后才能在上面描画彩画，有了这样的保护层一来可躲避风雨的侵蚀，二来阻挡了紫外线的破坏。

随着时光的流逝，我们今天看到的彩画早已不是几百年前的面貌了，怎样修复彩画，是摆在古建保护者面前的课题。其中的关键在于对历代彩画风格的模仿。彩画虽被称匠人画，尤其明清以来有严格的程式和法则，但从来没有影响历代彩画先生的创作热情，每一代每一位先生的每一笔，均饱含了自己的风格。现在重修彩画，只可模仿形式而失去精髓，达到形神兼备的艺术效果已非常困难，总比那些妙手偶得之作在气韵上逊色一些，这也更加显出古建彩画的魅力所在。

由于文化的交融、材料的丰富、金箔的猛增、贴金的盛行、技巧的成熟，这一切最终迎来了彩画集大成的乾隆时期，真正的“金碧辉煌”也是从这时开始的。这一时期彩画分为五类：承接明代画风的旋子类、皇家御用的和玺类、来自南方的苏式彩画、海墁类、满族自己风格的吉祥草。彩画已成为当时人们生活中必不可少的部分，同时彩画的法式也十分严明，清雍正十三年（1735年）正式颁布《工部工程做法》，"国家标准"出台了，彩画迎来了灿烂绽放。

和玺彩画：这是清代最高等级的彩画，画在皇家建筑和宫殿建筑上。在构图规划上分为三部分，中央部位占整个木构总长度的三分之一，两端各占三分之一，中央与两端的图案形式互不相同。和玺彩画根据建筑规模、等级和使用功能，又分为金龙和玺、金凤和玺、龙凤和玺、龙草和玺、苏画和玺五种。它们是根据所绘制的彩画内容而定名。例如全画龙图案的为金龙和玺彩画，一般应用在宫殿中轴的主要建筑上，如故宫三大殿，以示"真龙天子"至高无上。

旋子彩画：历史比和玺彩画悠久，使用广泛，多用于寺庙、祠堂、陵墓等处。在构图上，以开间为单位分三部分，中间为枋心部位，两侧为藻头部位。根据这三部分确定大木梁枋构件上彩画的主要线路。清建筑彩画根据规模等级分为9种做法：金琢墨玉碾玉、烟琢墨玉碾玉、金线大点金、墨线大点金、苏画大点金、金线小点金、墨线小点金、雅伍墨及雄黄玉，分别以藻头、枋心等单项图案组成。其中琢墨彩画是上品；大点金彩画为中品；小点金雅伍墨彩画为下品，属一般彩画。

苏式彩画：此为清代首创。起源于苏杭一带民间建筑传统做法，大约在乾隆年间，也就是1736年到1795年流传至北方。据传是乾隆帝下江南时发现苏杭彩画漂亮，遂令画工北上。这些画工也分扬州帮、苏州帮等流派，到北方统称"苏画"了。它最大特点是创作自由、生活气息浓郁，与图案严谨、齐整划一的殿堂彩画有很大不同。颐和园长廊属于苏式彩画的一种，至于为什么皇家园林喜用苏式彩画，很多专家认为苏式彩画内容丰富，色调活泼，山水、人物、翎毛、花卉皆可入画。在长廊西部、秋水亭与清遥亭之间的南外侧廊檐下，就画了一幅"鹬蚌相争"的故事，蚌夹住鹬嘴不放，鹬蚌互不相让，一个白胡子渔翁和一个红衣小孩张开双手乘机捕捉，应验了"渔翁得利"。画面生动有趣，典故寓意深刻。总之，这种彩画多用于离宫、别馆、园林和大宅院的

◎苏式彩画

建筑上。

纵观彩画发展的历史，人们不难从中看出中国古代建筑的特点和古人对美的评价标准及感受。中国古代建筑有自己一套很成熟的艺术体系，因此也有一整套成熟的形式美法则，包括视觉心理要求的一般法则，也有民族审美心理要求的特殊法则，而彩画是民族性最为集中的体现。这种形式美主要表现在对称与均衡、序列与节奏、对比与微差、比例与尺度四个方面。当人们站在佛香阁和长廊下端详着古建筑时，或许会生出这样的感受：在那雕梁画栋和金碧辉煌之中，蕴涵着属于中国传统文化的起承转合、抑扬顿挫、虚实相间，但同时，人们又无时不身处于具体的尺寸、整齐统一的比例数字之间。彩画的法则程式和灵性，就是对古建筑最完美的诠释。

文 /李春暄

（《景观》杂志通讯员）

说说北海白塔和塔上舍利子的发现

游客步入北海公园南门，抬头可见一座覆钵式白塔耸立在琼华岛上，如果天气晴朗，那在蓝天碧树映衬下的白塔更是显得巍峨壮观。琼华岛山顶海拔77.24米，塔净高35.9米，是古都北京标志性建筑之一。

据文献记载，北海公园的历史可追溯到公元1166年，即金大定六年（1166年）开始在此营建皇家离宫——太宁宫，后历经元、明、清三朝统治者不断营建修葺，规模日益宏伟。其中清乾隆时期为扩建此皇家御苑，花费了大量银两，乃至乾隆皇帝也自责说：“知我罪我，吾岂能辞哉”。现在园内的景观基本上保持了那个时期的格局。

白塔始建于清顺治八年(1651年)，是顺治皇帝应西藏喇嘛（后赐名恼木汗）“以佛教阴赞皇猷”“立塔建寺，寿国佑民”之请，在元代广寒殿的旧址上修建的。

白塔自下而上分为基座、塔身（大肚）、相轮（十三天）、华盖（塔刹）四个部分。眺望白塔，最引人注目的是南向色彩绚丽的“时轮咒”，俗称“眼光门”。这是一个周边为西番莲花饰的小龛，中间是红底金字的“时轮咒”，“时轮咒”由藏文（音译：杭、恰、嘛、拉、哇、日、呀）组成，据说是“吉祥如意”“四季平安”的意思。由“眼光门”向上，仔细观察白塔最顶部的华盖，这部分由铜制镂空的地盘、天盘和铜制鎏金的月、日、火焰珠组成，地盘周边还悬挂有十六个惊雀铃。

沿山道拾级而上，细心的人还会注意到洁白的塔身上有若干小墨点，走近看，会发现这是一些排列有序的方形透雕砖饰。这是做什么用的呢？1964年对白塔进行维修时，工程技术人员曾取下透雕的砖，用手电、钢筋向内探测孔洞，发现白塔不是实心的，而是空心的，塔身下部墙较厚，上部墙较薄，上部通过照明直接可以窥视到内部的木结构，而下部的通气道是折向上部的，无疑这使塔身内外的空气形成对流，有利于塔身内部通风并保持干燥，当然也不利于虫类生存。这使我们不得不佩服当年白塔设计者的匠心独运。白塔的塔身和基座上共设“透风”306个。可别小看这些小小通风孔，正是因为有了它们，才使内部的湿气得以疏散，保持了内部的干燥，让白塔历经近三百年的风雨沧桑和几次地震［其中，康熙十八年（1679年）和雍正八年（1730年）两次大地震损毁严重，震后重建］仍基本完好，至今仍矗立在琼华岛之上。

下面说说不太引人关注的白塔最细的“相轮”部分，因为这部分有十三道圈，故俗称“十三天”。1976年7月28日，唐山大地震波及北京，相轮的石座被挤压破碎，导致相轮大约有3～4条纵向裂痕，且往西北方向歪闪，幸而没有倒塌，只是宝顶天盘上面的日、月移位，最顶端的直径80厘米左右的火焰珠被震掉，甩落在塔身正北偏东处。由于火焰珠上安装了避雷针，两条避雷针导线牵住了火焰珠，所以未甩得太远，且无大损坏。第二天，北京市房修二公司的工人冒着余震的危险，紧急搭起脚手架，把相轮上部直径3米余长，包括日、月、天盘、地盘的华盖四部分，用起重设备悬吊起来，仔细查看相轮部分的损毁情况。发现由青砖砌筑的高9米左右的相轮，被震得多处开裂，已经无法修复保留，只得将相轮全部拆除重做。

拆除相轮时露出中间的主心木，主心木是硬杂木类，大约9米长、上部直径40厘米左右、下部直径60厘米左右，且插入了塔身的顶部。由于白塔矗立了300多年，主心木已经糟朽断成数截（因为这里较细，为实心垒砌，没有条件装透风，才造成主心木腐朽，这反证了塔身装透风的必要性）。在拆除过程中，工人们在主心木上人工掏凿的凹槽中发现了重要的文物。这是一个镶嵌在主心木上，已经被挤压得不成样子的小盒（缺盖）。

这个小盒被及时送到公园管理处部门，经清理后发现，小盒尺寸为197毫米×70毫米×73毫米，点铜制成，表面无图案，盒内有已经碎烂的黄丝质经卷。小盒里面还有一个底座直径61毫米、上部套盖直径54毫米、高73毫米的圆筒状黄质小盒，盖顶嵌有玛瑙雕刻的太极图，底和上部套盖由螺扣衔接。旋开套盖，内又有笼屉状三层金盒一个，三层均由螺扣衔接。再把三层依次旋

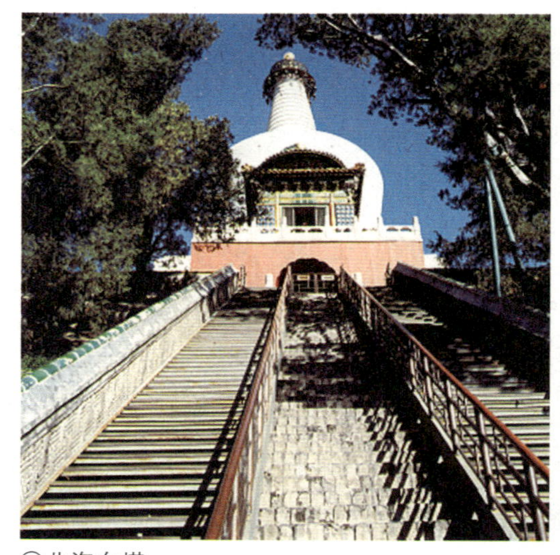

◎北海白塔

开，发现里面装有紫红色酥油，除去酥油后，现出白色舍利子，共计19颗。其中一颗较大，直径大约9毫米，其余18颗大小若小米粒或大米粒。

因当年修复“十三天”未依旧制采用主心木结构，而是将实心改为空心（如烟囱），并考虑抗震因素加了组合柱和圈梁，外观仍保持原状，所以未将舍利盒安放回原处，一直在公园管理处保存。

在这以后的30年中，这些舍利子虽经北京文物界多位专家验看研究，查阅文献，但此舍利子到底是不是佛祖的，或是哪些高僧的，一直未得出结论，至今还应该称为“北海白塔舍利之谜”吧？期待有朝一日专家和学者能够破解。

为更好地保存这些珍贵的舍利，让它与白塔朝夕相伴，1998年8月6日上午，天空晴朗，风和日丽，当时的公园领导和有关人员按照一定程序，将装有舍利的金盒从库房中取出，放入新制作的金丝楠木盒中，在“十三天”上新辟洞穴，把舍利重新放入白塔之中，至此，离开白塔22年的舍利重新得到归安，这也算是北海公园文物保护的一件盛事。

文／袁世文、王鑫

（原北海公园基建科科长、北海公园工会主席）

园林文化与管理丛书

古园忆往

发生在非洲的故事

1973年8月末的一天，由北京动物园副园长李扬文、科技人员李树忠、王振义、鲁诚等四人组成的收集小组踏上征程，乘飞机前往神秘而陌生的非洲大陆，他们此行的任务是为北京动物园“添丁进口”。

10埃元换来的意外收获

收集组第一站到达了东非大国埃塞俄比亚。在中国大使馆的支持与帮助下，收集工作得到了当地政府和野生动物园的积极配合。在他们的陪同下，收集组探访了野生动物园。在那里，棕狒、象龟等许多有观赏价值的动物引起了收集人员浓厚的兴趣，有一件事令收集人员至今记忆犹新——

一天，收集人员在当地人的陪同下驱车前往一家野生动物园。行驶途中，忽然看见一个有趣的情景：一个小男孩用绳索牵着一只棕狒正在路边悠闲地散步。大家马上让司机把车停下，然后和翻译一起走了过去。到了跟前，大家发现这是一个土生土长的当地男孩，看上去10岁左右，肤色是东北非地区人特有的棕黑色，而且还有点儿发亮的感觉，上身穿个小背心，下穿小短裤，衣服显得很旧，似乎穿了好长时间，显然是很久没有洗了。脚上也没有穿鞋，光着小脚丫踩在地上，小胳膊小腿的每一个关节都很明显。小孩的脸上两腮凹陷，只是那一双大眼睛滴溜溜地转，显得十分聪明伶俐。当他看到这么多陌生的面孔向自己走来时，不仅没有害怕，反而很好奇地看着大家。这时，收集组把更多的注意力投向了小孩子手里的那只小棕狒上。从它的特征判断年龄在一岁左右，没有成年，属于亚成体，是人工饲养的黄金时间。而且看着它在小孩儿手里听话的样子，也证明具有很好的人工饲养可能，与野生的大不相同（如果是野生捕获的就要先人工驯化，需要相当长的时间来培养与人的感情)。收集人员非常想把它买过来，翻译和小孩子先聊了起来，问了叫什么名字、几岁了之类的问题后，很快便切入正题。当大家说想要他手里牵的小棕狒时，他马上很紧张地把小棕狒藏在了自己的身后。当翻译说要付钱时，那个小孩儿的大眼睛闪过一阵异样的光彩，狡黠地笑了笑。大家一看便知他同意了。经过一番商议，决定用10埃元试一试。翻译拿出10埃元，刚递过去一半儿，男孩马上抢过钞票并紧紧地捏在自己的手中，把牵绳放在工作人员手里，冲我们顽皮地一笑，便头也不回地跑了。收集人员连忙俯下身去抱起这只小棕狒，小棕狒一看自己的主人跑了，仿佛明白自己已经换了主人，便很听话地让我们抱了起来，乖乖地陪我们上路了。要知道这确实是个意外收获，因为10埃元也就相当于10元人民币，对我们来说数目不大，而对于当地人来说，这10埃元可就不是一个小数目了。

总统的特许令

当收集组在埃塞俄比亚的工作遇到困难时，我国驻埃使馆人员建议收集组应该去坦桑尼亚看一看，那里的野生动物资源比埃塞俄比亚要丰富得多。到了坦桑尼亚后，收集组不禁有些失望，原来坦桑尼亚当时正处于全国范围内的禁猎时期，政府颁布了非常严格的禁猎法令，禁止对任何野生动物进行任何形式的捕捉和猎取。这怎么办呢？难道就白来了？大家把希望寄托于使馆，我国驻坦使馆马上与坦桑尼亚政府进行了联系，总统尼雷尔得知此事后，便专门为中国收集组下达了特许令，并责成坦政府有关部门全力配合。得到这一消息后，大家兴奋异常。派来的人陪同收集组驱车转了当地的部分野生动物园、捕猎区和动物保护区。在那里，大家大开眼界。坦桑尼亚野生动物资源相当丰富，且分布很广。收集组考察了塞仑格蒂、米库米、火山口等野生动物园。在这些地区中生活着种类繁多、种群庞大的野生动物，在规模最大的塞卢格蒂

◎李扬文园长在非洲

◎捕获非洲动物

野生动物园里，生活着2000多头非洲狮，5000多头非洲象，20多万匹斑马和100多万匹牛羚。面对如此庞大的动物群落，坦方陪同人员介绍道，组织起一支捕猎队就需要相当长的准备时间，汽车等设备都要从国外进口，而现在只能捕捉一些鸟类和中小型哺乳动物。可即使是这样，收集组的收获也已经不算小了，数月之间相继捕到了包括非洲特产的牡丹鹦鹉等各种鸟类400余只，以及土豚、猎豹等各种珍稀哺乳动物。1974年8~9月时，坦方的大型动物捕猎队已经基本准备完毕，收集组便马上和捕猎队一起投入到了对目标动物的捕捉当中。大家经常在凌晨四五点钟出发，天黑才回到驻地。捕捉动物对其年龄要求极严，不能太老也不能太小，也不能进行长时间追赶。当地的捕猎方法是用吉普车冲散动物群，瞄准捕猎对象，用绳索套住脖子，大家蜂拥上去将其制服，将眼睛蒙住装上运输车。这次捕获共收到了长颈鹿10只，斑马、牛羚、大羚羊各10余只，数量和种类已经大大超过了计划。两年之后的1975年6月，决定由李树忠护送现有动物回国。

艰难的回家之路

1975年6月下旬，所有采购好的动物都装上了中国远洋公司广州分公司的货轮，这艘货轮十分庞大，一个人站在船上就好像一只小蚂蚁趴在一棵大树上一般，而当这艘船驶进印度洋之后，它就像一片飘零在海面上的树叶。试想一下，当你站在船上，面对一望无际的大海时，那种孤寂和无助的感觉该是何等强烈。李树忠和这批动物都经历了一段从未有过的海上生活，颠簸、晕船，以及种种不适应始

◎运输途中

终伴随着他们的航程。从太阳升起的时候，护送者李树忠就开始了忙碌，观察、打扫、冲刷、补充食物和淡水，一干就是五个小时。强烈的海风不间断地袭击和侵蚀着皮肤，由于太阳的照射使人和动物的皮肤表面凝结了大量盐分。李树忠顾及不到自己的皮肤养护，而是竭尽全力地用淡水不断地给动物清洗。大型动物在运输途中外伤是难免的，李树忠这时还要做好医疗和诊治工作。途中一只长颈鹿和一匹斑马死亡了，李树忠为他们安排了海葬。漫漫的航程，李树忠不孤独，他感动了船上所有的人。船长带着船员们也加入到了护理的队伍中，在全船人的共同努力下，货轮躲过了暗礁，闯过了风浪，到达了吉隆坡港口。经过船长的批准，护送者李树忠获得了两个小时的上岸休息时间。经过两天的调整，轮船继续前行，最终安全抵达我国广州口岸。这次海上运输历时22天，任务完成得十分圆满，而李树忠自己却疲惫不堪了，但他为能胜利完成任务而高兴不已。用他后来的话说："我是北京动物园的一分子，我爱它，所以我要为它做好所有自己该做的工作。"

据载，这支四人组成的非洲收集组，于1973年8月~1977年10月，先后在埃塞俄比亚、坦桑尼亚、肯尼亚购回动物57种、1500只。

文 /赵晋元

（北京动物园工作人员）

北海大修中的小故事

2008年奥运会在即之时，古老的皇家园林——北海公园开始整容修面，在“大修”的日子里，我发现了两件有趣的小事儿，讲来给您听。

故事一：北京的海眼

您知道北京城的海眼在哪儿吗？

听老北京说在北海公园里，是一座被称为“水精域”的古井。

北海水精域古井是老北京五大古井（“王府井”“三眼井”“子午井”“延年井”“水精域”）之一，历史非常悠久。它坐落于北海公园琼华岛西坡水精域殿内，水精域是琳光三殿中的第三座殿宇，其西侧依山势向下排列着甘露殿和琳光殿，这组建筑是琼华岛西麓的重要建筑景观。然而提起水精域古井，它的历史可要追溯到元代了。

记载古井最早的史料是《元氏十三世祖记》，文中提到：“至元二十二年(1285年）秋七月，选温石浴室瀛州（琼岛西坡上一个亭子）西，汤池后有万丈井，深不可测。”这眼古井在当时用处可大了，主要有两点：一是为“温石浴室”提供水源，二是用古井经戽斗水车，提升到琼华岛山顶曲流弯转，经石刻蟠龙口喷出，构成层层叠落的水池、喷泉、瀑布等水景点缀。这种山中有水、水中有山，山含水、水环山的奇特景观，在中国古典园林中是比较少见的。

所谓“温石浴室”，就是元代皇帝后妃的御用汤池。“温石浴”，就是古代的“桑拿浴”。说到“温石浴室”，很自然地会想到陕西临潼骊山西绣峰下著名的华清池。元代的帝王在琼华岛上修建浴室的时候，也模仿了唐代咸阳汤泉宫唐太宗御用汤池的某些设计手法，即用巨石砌成大型汤池，在汤池上建起与洞穴相连的宫舍，并且将洗浴与娱乐相结合，一边洗浴一边玩乐。古代的蒙古人给大块的鹅卵石加温后，在炽热的石块上浇水，形成大量水蒸气，月以熏蒸身体，进而达到洗浴健身之目的。

到了明代，朝廷对琼岛疏于营葺，古井逐渐荒废，无人问津。

清乾隆年间，乾隆皇帝从乾隆七年（1742年）至乾隆四十四年（1779年）对北海进行了长达37年的营建，期间发现了这眼废弃多年的古井。乾隆皇帝非常喜欢琼华岛迷人的仙境，为恢复、革新元时水景，于乾隆十八年（1753年）在古井上建起水精域保护古井，在其西北修建了亩鉴室及两个水池，用暗沟（管）将井水引至阅古楼和亩鉴室后水池内，然后从琼岛北面坡流下，注入太液池内。乾隆皇帝非常欣赏琼华岛的水景，还特意亲自题写了一篇《永安寺古井记》，刻于水精域北山墙上，即古井的出水口处。乾隆十九年（1754年），他又令人重新修复了此古井。

关于这眼古井知道的人甚少，一是它处于皇家御园之内，二是早已废弃多年，从未对外开放过。时至今日，正好赶上大规模修缮北海，这眼古井才又重新被人提起。古井位于“水精域”石室内，井口在室中心偏北些，井台呈四方形，为长条石所砌。井口直径约1.3米，井深约30米，俯临井口，凉气袭人，深不见底，用手电筒向下张望隐约能看到水面在微微的波动。要想深入到井下可真不容易，首先要用一个小筒带着点燃的蜡烛垂入井内，测试含氧量。由于年久失修，与世隔绝，古井内的气味实在令人难以忍受，为了保证施工安全，施工单位特意找来气泵向井内输气、换气。由于古井井口较窄小，一次只能下去一个人，不过到了井下就能容下2名工人同时工作了。在这次修葺古井的过程中，昊海古建公司的职工师傅们冒着7月的酷暑工作在古井下，汗水、井水浸湿了他们全身……经过十几天的维修，仅从井中打捞上来的垃圾、泥土就堆成一个半辆小汽车大小的小土山。清淤只是

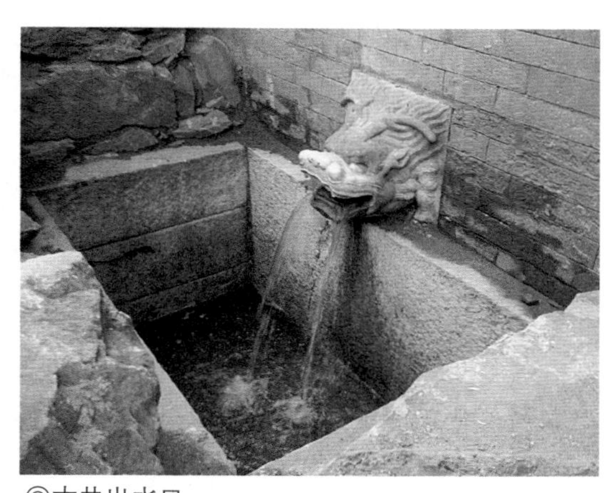

◎古井出水口

前奏，而后要做的就是对井壁四周松动的砖石进行加固处理。维修过程中，发现水井井壁中还垫有不少加固用的木料，可见后人也曾对古井进行过简单的维护。

故事二：罕见的屋面

北海永安寺建在北海公园琼华岛上，是琼华岛正面轴线上的主体建筑，最早是和北海的标志性建筑——白塔一同建成于清顺治八年（1651年），当时称“白塔寺”。初建时有普安殿、圣果殿、宗镜殿、正觉殿、转角房、顺山房，正觉殿为其山门。乾隆六年（1741年）改称永安寺。乾隆八年（1743年）扩建永安寺，添建了山脚下的法轮殿、钟鼓楼及新的永安寺山门。之后清廷、民国至新中国成立后都对其进行过或大或小的维修。

2005年至今对北海的维修，对琼华岛永安寺景区的维修可以说是重中之重。国家对此投入了大量人力、物力、财力，算是北海历史上最大规模的修缮了。

永安寺是一座典型的皇家寺庙建筑群，与国内其他皇家寺庙相比有其独有的建筑风格和人文韵味。首先就是它有两道山门，一道是正觉殿；再有一道就是乾隆皇帝为扩建寺庙，在山脚下又重新修建了一座山门，这在其他皇家寺庙中是少有的。

其次，永安寺中的主殿（法轮殿、普安殿）、配殿（圣果殿、宗镜殿）及两道山门（正觉殿、永安寺山门）的屋面全是大型的五彩琉璃（蓝、孔雀蓝、黄、棕、绿）组成的菱形图案屋面，据施工单位的张工程师讲，这在其多年从事古建维修当中是非常罕见的。更为引人注目的是，这六座殿宇的正脊、垂脊上都有大型的彩色龙形琉璃浮雕，看上去显得格外的华美。尤其是正脊上浮雕的二龙戏珠琉璃构件的制作，更是引人入胜，美不胜数。来琼岛参观的游客朋友都要在殿前驻足停留，将自己眼前精巧绝伦的美景收入相机。

我国是一个有着2000多年的封建君主专制的国家，这种政体要求在礼仪、思想、建筑等多方面都要遵守“皇权”的至高无上，皇权是神圣不可侵犯的。龙的纹饰以及黄色、甚至是小小的黄色琉璃构件都成为皇帝所独占的特殊用品，任何人不能染指。我国的琉璃艺术有着悠久的历史和辉煌的成就，它最早出现于西周，从北魏始就在北方建筑中应用，到隋唐时期华贵建筑上的琉璃应用逐渐增多，到宋朝达到了成熟。元代初年，在琉璃渠村设琉璃局。明清时期，琉璃构件瓦屋顶已成为皇家尊贵建筑的象征，琉璃也因此而成为中国皇权的象征。永安寺建筑群中大量采用琉璃作为随墙、殿宇屋面，的确显示出它的皇家血脉。

参与这次修缮永安寺屋面的张工程师讲道，永安寺殿堂的屋面琉璃构件有很多尺寸都不是一丝不差的了，损坏程度也多少不一，可见屋面曾经被维修过多次了。他的记录中描摹了数十种琉璃构件的尺寸及结构图，这也使我们清楚地看到了清人为了组成这个菱形图案的殿顶，确实运用了大量的几何学、数学等多方面的科学原理，这又一次显示了古代匠人高超的智慧与才能。

文 /任明杰
（北海公园中级馆员）

景山的故事

我很喜欢听老一辈人聊景山的故事，我就那么安安静静地坐在凳子上，安静地听，渐渐地……我感觉自己好像迈入了一条时光隧道，过去在我的眼前重现，曾经的岁月就像刚刚发生的一样，画面是那样的清晰，带着我和你一起走进那段光阴岁月。

我在景山学校上学的时候，校址设在嵩祝寺前边的大院里。上学途中，经常能听见沙滩一带住银闸、中老、西老和大学夹道等胡同里的老人们，碰了面儿之后，这么打招呼："刚从煤山上下来啊？""遛遛腿儿。"他们管景山叫煤山。据说此山的由来是皇宫里烧过的煤渣子没地方处理，太监们就把这些煤渣子从神武门抬出来，堆放在这里，时间一长，便堆积成山。为了证实此说的真伪，我偷偷用半尺长的小铁锹在景山的半山坡挖过，挖到快两尺深，还是黄土，所以我一直无法弄清"煤山"之谜。

我的家离景山不远，更重要的是景山学校搬到银闸胡同后，由于操场太小，体育课分成了两部分:第一部分，每天上午10点，全校同学出银闸胡同南口向西，经北京妇产医院再沿北池子，经北大红楼向南顺河沿进骑河楼返回；另一部分，到景山公园上体育课。经常是老师把同学们集中在山道边，一声："开始！"大伙儿哄叫着朝最高的万春亭跑，上气不接下气地奔上了万春亭，转到里面瞻仰瞻仰坐北朝南的大佛，然后由老师招呼着排好队下山。老师说，这是练肺活量的绝好办法，连肺结核都能治好。有时候老师问："还有劲儿没有？"如果大伙儿应道："有！"那么，一场"官兵捉贼"就在少年宫门前的广场上开始了。逛公园的人们围着看，有人看，我们更疯了，玩得不想回去。景山公园几乎成了学校的操场。

在我的印象里，除了冬天，其他三个季节，只要从东门进了景山公园，人们无一例外地都先被东北角怒放的鲜花吸引：大朵的牡丹、月季、菊花，清香四溢，彩蝶纷飞。观德殿门前永远是花的海洋。这是当年景山公园一大特色。人们心情舒畅地赏完花后，往往止步，不进观德殿，而是掉头去爬山了。

景山东门左手，有一大溜当年建的耳房，被公园加以利用，成了露天的半茶馆半饮料部的休闲去处。尤其在盛夏，耳房前面的松树间搭七八个遮阳伞，游客安坐在伞下面的藤椅里，喝着茶或用吸管品着冰镇的北冰洋汽水，听着满山的蝉鸣，呼吸着浓浓的花草清香，飘飘然如入仙境。

如果从万春亭向东，一路下坡就到了周赏亭，再向东，便到了观妙亭，为什么东边最矮的亭子却叫“观妙”？我至今不解。依我之见：“观妙”的佳境应在万春亭处，既是中轴线处，又是北京城内的最高点。过了观妙亭，弯弯曲曲地向东下山，就见到老人们讲的“歪脖子树”。它长在斜坡位置，所以被后人把下坡的地方用半圈砖头砌起来又填上土，格外引人注目。奇怪的是这棵树向东伸出的大枝子已经枯死，静静地任人观看，身上还缠绕着铁索，周围是四尺高涂了绿漆的铁栏杆。树朝东的半尺处立着个白木牌儿，上书：“崇祯自缢处”五个大黑字，下面是几行小字说明，大略叙说明朝末代皇帝的凄凉结局，我每每读后心里都不是个滋味儿。后来，我游明十三陵，恰巧住的地方就在思陵村，每天晚上，我总是到思陵那残破不堪的碑道亭徘徊，倾听山风呼啸中的历史回声。

“它叫‘罪槐’，1930年有人在这儿立了座碑，我见过，汉白玉的，上面刻的是‘明思宗殉国处’六个字。”“崇祯皇帝就自缢在这棵树向东的树干上，所以这根树枝子自己死了，证明它知道自己有罪。”“满不是这么一回事儿，这棵树也是后人补栽的！根本不是当年皇上自缢的原物啦。”这是1965年我一个人看树时，两位老者在树前“论古”让我记忆犹新的话。历史永远吸引后人，因为它太扑朔迷离。

景山的西南角，有几十个直径两米、高一尺、涂成深绿色的大木盆，有三分之一的盆里永远只存水不养鱼，师傅说这叫“晒水”，晒水的好处是利用阳光紫外线将水中的病菌杀死，再放入鱼可以免除鱼儿得病；另外三分之二的

◎景山公园

盆里面养着各式各样七寸长短的龙睛鱼（现在叫俗了，通称金鱼）。大木盆排放得错落有致，游人可以任意选择角度随意观赏美丽的龙睛鱼，北京城里观赏鱼最集中的地方就在这里。我用心数过几次，数糊涂了也数不清到底有多少种。我有时候在这里可以流连一个钟头，看龙睛鱼吐泡儿，弯下身子仔细听能捕捉到鱼吐的泡儿在出水时发出的炸裂声，特刺激！到了盛夏，勤劳的养鱼师傅会给大木盆遮上用芦苇编成的席子，龙睛鱼们就不会被骄阳暴晒。

那时候，北京市少年宫大门开在公园里面，朝南，占用的是整个寿皇殿区域。大殿金碧辉煌，一点儿不比紫禁城里三大殿逊色，况且寿皇殿正坐落在天安门、紫禁城三大殿、万春亭、钟楼、鼓楼串联起的这一世界闻名的中轴线上，在北京城的古建筑里更具特殊地位，进公园的游人都要到此驻足。在此，儿童们可以游戏和学习各种技艺，游览的成人们可以自由观赏景色，互不袭扰。

旧时的景山还有一景：出了故宫的北门神武门直接进景山南门，若是直接上山，要先到绮望楼，那里面光线比较暗，可特别吸引我，原委是殿内的北、东、西三面石头台基上全是活灵活现的彩色泥塑，由于是在皇城内，保存得极好，色彩鲜明，漂亮极了！由于没有解说牌子，我亦不知塑的是何方神圣。老一代雕塑家出众的手艺关键在于塑出的人物特点有二：一是头大，占整个人身的四分之一，更有近三分之一的，不是现在的七分之一的比例，虽然不合科学比例，但好看！二是作品的眼睛跟活人一样有神，走到任何位置，那神像的眼睛仿佛总是炯炯有神地盯住瞻仰者不放，我在这些神像面前总有种被威慑的感觉。不过现在那里已是另一番景象了。

出了西门，从古老而狭窄的陟山门街弯弯曲曲地就进入北海公园东门了。不过，我历来把逛这段路也当成逛景山的最后一段风景，尤其是夜色朦胧，在昏暗的路灯下，走这一段路，让人似乎回到了古代。

虽然这些故事一晃已经是几十年以前的事了，可到了现在依然爱听，而如今的景山也更加美好，社会在发展，景山的故事还将继续下去……

文 /王畇艳

（《景观》杂志通讯员）

北海御苑内的大雄宝殿与万佛楼

北海这座皇家园林已历经800多年沧桑，经历了辽、金、元、明、清五个朝代。乾隆鼎盛时期，历时38年大规模修建北海，北海五龙亭北侧的阐福寺、万佛楼等规模宏大的寺庙建筑群就是当时建造的。这些寺庙建筑在北海园林的整体规划营造中风格独特，堪称皇家寺庙中的经典建筑作品。

由于近百年来历史的原因，阐福寺大雄宝殿内其艺术价值极高的金丝楠木千手千眼佛和万佛楼内上万尊金佛都毁于战乱和大火，大雄宝殿和万佛楼两处建筑也相继消失。现在当众多游人来到阐福寺参观游览时，就会发现这座寺庙的中院只有东、西两侧配殿，没有主殿，万佛楼院内仅有宝积楼、妙相亭和现代温室，完全没有了皇家寺庙的庄严肃穆感和往日的辉煌，失去了北海皇家园林布局的完整性。

毁于火灾的大雄宝殿

阐福寺原是明代太素殿北面的一座行宫，是皇后、嫔妃们避暑和游乐的地方，乾隆十一年（1746年）将此处建成皇家寺庙，赐名“阐福寺”。寺庙山门外台阶下两旁有一对铜狮子，山门内两侧供奉有两尊哼、哈神。寺内前院两侧左为钟楼，右为鼓楼。院内正殿为天王殿，殿内中间供奉布袋佛一尊，两侧供奉四大天王。中院有大佛殿，重宇三层，其上层匾额“大雄宝殿”，中层为“极乐世界”，下层为“福田花雨”，乾隆帝称“规制宏敞，仿正定隆兴寺”。隆兴寺大菩萨全称千手千眼观世音菩萨，高22.28米，宋代铸造，是我国古代最大的青铜艺术品。而阐福寺大雄宝殿内的千手千眼佛更为独特，是用一整棵巨大的金丝楠木树干雕刻而成的，全身嵌满无数珠宝。《北海游记》中

◎大雄宝殿

介绍："……瞻仰大佛，高约五丈，六面千手两足，甚巨。"殿前东、西两侧有石碑，碑刻乾隆帝草书颂阐福寺大佛诗，后院为真实般若殿。院内两侧有两座亭，为东八方亭和西八方亭，亭内设有佛像。阐福寺是清代皇室佛事活动的重要场所之一。

阐福寺也是清皇室举行"书福"盛典的重要场所，自乾隆十七年（1752年）开始，每年的农历十二月初一，乾隆都要到阐福寺拈香、祈福，乾隆帝把祈福作为"皇考家法之例，要求子孙当万年法守"。

1900年，八国联军入侵北京，将大雄宝殿内千手千眼佛身上镶嵌的珠宝抢掠一空，并捣毁大佛。"民国"八年（1919年）春，袁世凯的公府卫队改编的消防队驻扎于此，在大佛殿内做饭失火，将大佛殿及后殿全部烧毁，殿内陈设、佛像也焚烧殆尽。1955年，将大佛殿、后殿、八方亭的遗址拆平。1974年，公园管理处开始在此处筹建北海经济植物园，至1979年完工，在这里每年举办北京市菊花、月季、盆景、根雕等花卉展览。

无奈拆除的万佛楼

万佛楼是乾隆皇帝为其母孝圣皇太后八十寿辰祝福祈寿而建的寺庙建

筑，建于乾隆三十二年（1767年），于乾隆三十五年（1770年）建成。万佛楼大门由三座琉璃门组成，进门是大块花岗岩砌成的矩形水池。院内空间开阔，松、柏、桑、柘树遍植其中，院中间架汉白玉石拱桥，桥南北各有四柱三楼牌楼。水池南北两侧各有清白石须弥座的山子石一座。水池两侧各有石幢一座，左边石幢上刻《金刚般若波罗蜜经》，右侧石幢刻《佛说药师如来本愿经》。石幢北为配楼，东为宝积楼，西为鬘辉楼。正中为三层七开间的万佛楼，黄琉璃瓦屋面，五色琉璃砖砌墙，其楼主体建筑气势宏伟、高大，为宗教与皇权至高无上的象征。楼前有大月台汉白玉石栏板、望柱。楼前右角有一座带须弥座的石碑，碑高7.47米，碑身为四方形，四面各宽1.51米，碑首为四龙衔方形宝顶，四面卷刹雕行龙，南、西、北、东四面碑额分别刻有汉、满、蒙、藏文“御制”二字和乾隆帝题“万佛楼瞻礼诗碑”，碑文曰：“六旬庆诞沐慈恩，发帑范成两足尊；数计万因资众举（建楼范佛以纪庆典，内外王公大臣亦有请铸佛像为祝者，统以万计，并奉楼中，因以‘万佛’名楼），层看三此建楼骞。香花卜日瞻礼始，福德被民愿力存；设曰遐龄祈寿算，盹诚还以祝徽萱。万佛楼成瞻礼得句，乾隆庚寅孟秋月下浣御笔。”乾隆在御制诗中写道：“名寿都缘大德得，康强欣共介龄增。六旬帝子八旬母，史册谁曾见此景。”

万佛楼内原设有佛龛、供桌、佛像，三层楼内整齐排列着高山云雾状装饰的小佛龛，供奉有纯金无量寿佛和铜铸三世佛等佛像一万余尊。早在孝圣皇太后八十大寿前十年，就由内务府拨大量黄金铸造金佛。乾隆尚嫌不足，以呈进寿礼为名，下旨上自京城，下至地方，无论朝廷王公大臣和地方文武官吏，乃至蒙藏喇嘛都要表示“孝心”。所献的大金佛每尊重量为588两8钱，小佛58两，大小金佛每尊取八的意思是乾隆为纪念其母亲80寿辰之意。一层楼内有佛像4956尊，二层楼内有佛像3048尊，三层楼内有佛像2095尊，共计供奉佛像10099尊。楼内还有三尊铜铸大佛立

◎万佛楼

像，称作三世佛。万佛楼东侧有澄性堂，这里有假山、水池，还有楼、榭、廊、轩、亭等建筑，是帝后礼佛、拈香、祝寿时休息、更衣和游幸的场所。

光绪二十六年（1900年），八国联军入侵北京，万佛楼内一万余尊金佛和铜铸三世佛被掠夺一空。光绪二十七年（1901年）正月，“万佛楼不戒于火”。民国期间，万佛楼濒临坍塌。

新中国成立后，围绕万佛楼修、拆问题有关部门多次研究，因为万佛楼原来向东南倾斜，并日趋严重，公园每年报修，并请文化部文物管理局、北京市建筑设计院的专家鉴定，当时因财力匮乏，因此一直得不到解决。1964年9月24日，北京市人民委员会第二次行政会议讨论通过拆除万佛楼，并报请国务院批示。1965年，国务院发国秘字第57号批文：“同意拆除万佛楼，拆除前要照相、测量。”1965年12月15日开始拆除，至1966年4月拆除完毕。1980年，在万佛楼旧址建展览温室及培养温室。1987年，将《万佛楼瞻礼诗碑》改立于极乐世界殿南侧。如今，万佛楼院内只遗留宝积楼和妙相亭两处建筑。

今天，我们重提阐福寺大雄宝殿和万佛楼这两座消失的建筑，使我们在大规模地保护、修缮古建筑的同时，也要对北海那些已经消失的具有历史价值、文物价值的古建筑引起重视，希望早日重建阐福寺大雄宝殿和万佛楼建筑，以恢复北海的真实性和完整性。保护好这些古建筑，也是对历史的延续。我们期待着有朝一日能再现阐福寺和万佛楼昔日的辉煌！

文 /王洪新

（北海公园文化研究室主任）

紫竹原为铁竿秋

紫竹院公园是一座以竹取胜、以竹造景，兼具古典园林与现代园林特征，北方园林与江南私家园林相融的自然山水园。慕名到紫竹院公园参观游览的市民，多是为观竹赏竹，或是为找寻紫竹的踪迹。然而，紫竹是不宜在北方生存的竹种，紫竹院公园的竹子也并不以紫竹取胜，那么为何公园以“紫竹”命名呢？话还得从紫竹院古老的历史说起。

从西周到西汉，紫竹院为永定河流经之处，东汉时永定河改道，成为古代高梁河的发源地。紫竹院的水系经两千年的积淀，成为今日紫竹院公园风景的依托。

目前发现的资料显示，最早的“紫竹院”一词出现于清顺治年间，清初诗人王熙的诗，题目即为《紫竹院》；清初禅师释道忞北游集《京都城西紫竹院放生社序》也提到了“都城之西有紫竹院者，盖内臣宗公施庄居为精舍者也……”

较为丰富的资料始于清乾隆年间。乾隆十六年至二十六年间（1751～1761年），乾隆皇帝为其母亲崇庆太后（即孝庄圣后）庆祝六旬及七旬大寿，为满足其母亲喜爱苏州风景的愿望，乃自畅春园宫门外起，往南创建苏州街。大街的北口在畅春园宫门外和御路相接，大街的南口在万寿寺的西墙外（亦有东墙外之说），这条大街南北数里内所有的商店、戏院、饭馆、茶肆等，皆仿当时苏州城内风貌而建。出苏州街南口，建了一座苏州式的茶楼，名“杏花村”。对面南岸上，即是紫竹院的西河口，沿南岸往东，直到东河口，仿照苏州城葑门外朝天桥港汊“芦苇深处，水乡风光”，种满芦苇，乾隆命名为“芦花渡”，俗称“小苏州芦花荡”，为“庆祝万寿点景之所”。为的是乾隆母亲游览了苏州街后，在长河北岸“杏花村”茶楼饮茶，再渡河至南岸游览芦花渡。

◎紫竹院公园里的竹林

清乾隆年间修建小芦花荡时，将元、明时期的“别港”改建为“紫竹禅院”，在“紫竹禅院”的西侧建“福荫紫竹院”行宫，作为帝后皇亲乘船游颐和园中途休息之处，长河两岸因此成为繁华之地。至于“紫竹”二字之来源，是因为芦花渡的芦苇。紫竹院当时并无紫竹，由于这里的芦苇移自江南，名叫“马尾兼”，北京俗称为“江南铁竿狄”，较卢沟桥西所产的铁竿狄还坚硬数倍，每到秋末冬初，苇秆经霜后呈现出紫黑的颜色，放眼望去，宛如一片茂盛的紫竹林。此时又因改为僧刹，添供观世音菩萨，而观世音住的地方是中国佛教四大名山之一的普陀山紫竹林。清·陈淏子著《花镜·卷五·藤蔓类》写道：“紫竹，出南海普陀山，其干细而色深紫，段之可为管箫。”故据景寓意，就更名为“紫竹禅院”。紫竹院之名遂由此诞生。当时，官民们习惯地称为“紫竹院行宫”或“行宫院”，自此，连带周边地区都以“紫竹院”相称，紫竹院也因有形的庙宇建筑而得名。

20世纪70年代，紫竹院公园引进了包括紫竹在内的多种竹子。紫竹为传统的观竿竹类，竿高4～8米，直径可达5厘米，幼竿绿色，密被细绒毛及白粉，箨环有毛，一年生以后的竿逐渐出现紫斑，最后全部变为紫黑色，无毛，颇具特色。其生长习性喜阳，喜温暖湿润气候，稍耐寒。由于紫竹对生长环境有特殊的要求，在干燥的北方不易成活，只有在背风向阳的小气候条件下，才能保证其正常生长。目前公园共栽植紫竹5处，东门入口绿毯诗韵边缘、福荫紫竹院前、翠筠烟雨景区、北码头山坡及西南门入口，都有小片的紫竹林。紫黑色竹竿，柔和发亮，隐于绿叶之下，甚为绮丽，别有一番情趣。如今，全园翠竿累万，绿筠潇潇，有竹子品种百余种，成为首都的一个特色公园。

200年后的今天，芦花荡的踪影虽已难觅，但园内精心栽植的紫竹使紫竹院公园得以名副其实。满园的竹子，延续着人们对美好自然景观的无限向往，好一派“风过有声留竹韵，月夜无处不花香”。

文 /董军梅

（紫竹院公园编写组组长）

慈悲庵与陶然亭

慈悲庵

慈悲庵又叫观音庵、大悲庵或慈悲禅林，当地老百姓亦称其为招提胜境。

慈悲庵到底建于何年何月，现已无从考证。据我们研究，它大约建于公元1267～1285年之间。公元1267年，元世祖下令辟建元大都新城，使得黑窑厂一带官窑因此而兴盛。到公元1285年新城建成时，旧城居民大批搬入新城。此时，在新城东城墙外的慈悲庵也已经建成了。因此我们把慈悲庵称为元代古刹，它至今已有近800年的历史了。

慈悲庵就坐落在陶然亭公园中心地带的一座被称为神龟岛的小岛上。它大门朝东开，正可谓紫气东来。拾级而上，门口有一棵巨大的古槐，山门上方有一块长方形的石额，上面镌刻着“古刹慈悲禅林”六个大字。

推门而入，庵内有四座院落，前院有两座殿堂。主殿是观音殿，坐北朝南，与准提殿相对，并有殿廊。楹柱、门窗俱油饰为朱红色，屋顶有脊兽，狮、麒麟、海马等，显得庄严肃穆、古色古香。殿内祭祀着大乘佛教阿弥陀佛、大势至菩萨和观音菩萨的藤胎泥像和一些小型的神像、佛像等。殿额为“大自然”，殿内题额为“自在可观”，由此可以看出这是众佛在修炼自身的形象。

南殿是准提殿，坐南朝北，两向开门，与观音殿殿门相对。殿内供奉准提等三位菩萨，还有其他许多佛像和神像、祭器、供具等。殿额题“准提宝殿”，殿联题“法雨慈云，众生受福；金轮宝盖，两戒长明”。

慈悲庵后院与前院乃一墙之隔，中间有月亮门。后院西侧有陶然亭，陶然亭南有南厅。南厅共有五间，其中两间辟为李大钊纪念室，其余三间为文物资料室。后院北墙亦有一月亮门与北院相接。北院西厅现为“陶然亭石刻陈列室”。内有高君宇、石评梅烈士之墓碑，亦有赛金花、康心孚等名人的墓碑。

北院北厅共六间，为纪念1920年8月16日（天津）觉悟社、（北京）少年中国学会、曙光社、人道社、青年互助团等五个进步团体在此举行的一次联席会议，李大钊、周恩来、邓颖超、刘青杨、郭隆真等人士全部出席了那次会议，因此将其中四间辟为“五团体会议纪念室”。

北厅的东墙将北院与东北角的小院隔开，在东北角小院内，有文昌阁和辽代经幢。

文昌阁是一座砖木结构的小楼，坐北朝南，阁内的廊与小方亭都饰有彩绘，颇为华美，远远看去危楼高耸，飘逸灵秀。文昌阁是封建科举制度的产物，直到废除科举制度之前，它一直是进京参加会考的考生们顶礼膜拜的圣殿。文昌阁内原有为人预卜命运的《文昌阁诗签》百首，全部是集古诗而成的七言绝句，相传为纪晓岚所作。这些诗签供来此问卜者随意抽取，并据诗签的意思所示，揣测未来吉凶祸福。当然这些诗签大部分词意含糊，似是而非，模棱两可，正反皆可解释。试举一例为证，如诗签第一首是“偏承霄汉渥恩浓，仙掖开廉范彦龙。世上功名兼将相，人间鹓鹭杳难从。”词句晦涩难懂，解意可按需理解。

慈悲庵内还有辽代与金代两经幢。辽幢已有900多年历史，是辽代高僧慈智坟上之纪念物，很有历史价值。它是测定金中都城址位置的重要坐标，同时还是北京历史上的一处重要水准点。而金幢也有700多年的历史了，金幢上刻有四尊佛像，螺髻袒胸，盘膝而坐。四尊脑后都衬有火焰纹光环，神态安详，栩栩如生。各自按照佛家特定的含义，摆出不同的手势。经幢上刻有四段梵汉两种文字的经文，落款为天会九年（1131年)四月十九日。

慈悲庵自元代建成以来，大概是由于地处偏僻和是庵不是寺庙的缘故，香火一直不兴盛。到了清代，自陶然亭建成以后，才略有起色。但大都止于一些文人墨客和进京赶考的学子们，比起当年车水马龙的窑台只有自叹不如了。难怪清朝翁方纲老先生叹道：“烟笼古寺无人到，树倚深堂有月来”。尽是一派萧瑟清冷的景象。

在十年浩劫中，慈悲庵的文物也遭到了彻底破坏。观音殿和准提殿的佛像与神像颈部被缠上绳索，被硬生生地全部拽倒了。连佛像肚内的经书、铁片、五谷杂粮袋也一扫而空，至今难以恢复，让人深感遗憾。笔者以为北京市有800多年历史的寺庙并不多见，应大力恢复慈悲庵的本来面目，使老寺古刹重放光彩。

陶然亭

陶然亭坐落在陶然亭公园的慈悲庵内。建于清康熙三十四年（1695年）。

陶然亭是中国四大名亭之一，其他三大名亭分别是安徽滁州市琅琊山的醉翁亭、湖南长沙岳麓山山腰的爱晚亭和浙江西湖中心小岛上的振鹭亭（又称湖心亭）。

在中国古建筑中，亭占有十分重要的地位。一提起亭，大家想到的是那些四角、六角、八角形玲珑剔透、飞檐翘脊的华美建筑。而陶然亭却恰恰相反，它是面东朝西、色彩斑斓、古色古香的三间敞轩。

敞轩也可以叫“亭”吗？答案是肯定的。

亭在中国已经有两千多年的历史了。它经历代演变、发展，功能日渐增多，用材与造型也更加异彩纷呈。在古代，亭的作用因时因地的不同而各不相同。建于大道旁的长亭是供路人驻足歇息用的；建在边境线上的亭是用于瞭望的；而建在边防要塞上的亭是防备敌人进攻用的。我国历史上有十里设一亭的古制。这种“路亭”也有人叫它“驿亭”，就是小敞轩或小房舍。亭的用处虽然很多，但都是提供亭下休息之用。所以陶然亭虽然叫亭，实为敞轩就

◎陶然亭

不奇怪了。

陶然亭是清代名亭，系工部郎中江藻始创。取唐代诗人白居易“更待菊黄佳酝熟，与君一醉一陶然”诗中“陶然”二字为亭题额，亭名即由此而来。后世因此亭为江藻所创建，故此亭别名为“江亭”。

陶然亭虽建在慈悲庵内，但其地理位置优越，周围塘泽错落，蒲渚参差，既可远眺西山之美，又可尽享苇塘碧水之清静。清初以来，京都名流多乐于在此游玩题咏，其中很多诗词流传甚广。陶然亭亦随之闻名遐迩、驰誉宇内。

江藻字鱼依，又叫用侯，是湖北汉阳人，在清康熙年间，做过工部的官员。他曾监修过紫禁城中的太和殿。他之所以把这三间敞轩建造在慈悲庵的西厢，别有一番道理。他说：“西面有陡池，多水草，极望清幽，无一点尘气，恍置身于山溪沼池间。”陶然亭建成后，江藻常约上三五好友来此游玩，他虽然不爱喝酒，却常常陶醉在这湖光山色之中，深感“从九衢尘土中来此，亦复有心醉者”，酒醉不如心醉，因此一醉一陶然，更多的是心醉也。

陶然亭建成以后，风景秀美，环境幽雅。封建王朝每三年要举行一次由皇帝亲自主持的科举考试，全国的举人纷纷云集北京，且大多数就住在南城，陶然亭自然就成了他们畅舒心怀，纵酒赋诗的绝佳之地。考前求签问卜，考后有的来还愿，或在此欢聚畅饮。考不上的也要来此抒发内心郁闷，扼腕叹息，因此陶然亭留下了许许多多诗词、文章，有的歌颂陶然亭，有的伤感陶然亭。这些欢乐与悲愤的人们，也许毕生都不会忘记这座温文尔雅、造型别致的陶然亭。

陶然亭和慈悲庵于1979年8月21日被北京市革命委员会批准为“北京市重点文物保护单位”。北京市文物事业管理局于1981年7月将嵌有汉白玉的文物保护标志牌立于慈悲庵东北角的台基墙上。

文 /伦永立、张青

（原陶然亭公园园长、陶然亭公园副园长）

圆明园的最后一把火
——“正大光明”景观初探

正大光明殿是圆明园正殿，位于圆明园中轴线的前朝，进大宫门，过金水桥，穿二宫门（出入贤良门）便来到了这组高大、宏伟、巍峨的圆明园内金銮殿——正大光明殿。后有寿山，东邻勤政亲贤，为圆明园四十景之一。

正大光明殿为单檐卷棚歇山顶结构，面阔七楹，殿前有面阔十二丈二尺、进深四丈二尺、高约四尺的月台，从而增加了这里庄严宏伟的气势。东西配殿各五楹，其规制与今颐和园内之仁寿殿相似。东为洞明堂，殿后有高耸的寿山，寿山与圆明园东的福海寓意为“寿比南山，福如东海”，殿后寿山嶙峋的笋石，叠翠的古松，把正大光明殿点缀衬托得高大肃穆。

乾隆皇帝很欣赏这里的布局，曾特作五言律诗赞叹道：“胜地同灵囿，遗规继畅春。”说明此殿援引畅春园规制（畅春园为清代第一座皇家苑囿，由康熙首建)。此殿不雕不绘，得“松轩”“茅殿”之意，以朴素自然为主，显得庄重典雅，同大内迥异，大有盖斯所营，备天然野趣，而得幽隐之便。乾隆在五言律诗的诗序中描述正大光明殿周围的环境时写道：“屋后峭石壁立，玉笋嶙峋。前庭虚敞，四望墙外，林木阴湛，花时霏红叠紫，层映无际。”

殿内上方正中悬挂着雍正皇帝手书“正大光明”四字匾额，下方有巨大的“福”字，楹联曰：“心天之心而宵衣旰食；乐民之乐以和性怡情”，为雍正御书。又楹联：“求宁观成，无远弗届；以对时育物，有那其居”，为乾隆御书。东壁悬挂《周书》无逸篇，西壁悬《豳风图》。以上书画被清初皇帝奉为圣训、家法，用于自警、自戒。

据《养吉斋丛录》卷十七记载：“宫中‘正大光明殿’额，为世祖御书。圣祖御制题跋勒石。见午亭文编。景山观德殿‘正大光明’额，圣祖御

◎圆明园正大光明殿

书。圆明园‘正大光明殿’额，世宗御信书。热河勤政殿‘正大光明’额，高宗御书。溯自康熙不再建储以后，列圣皆默简元良，告之天祖，密书秘缄，藏正大光明匾后。别封秘缄，或佩诸身，或置寝所。临时敌视，主鬯得人，中外晏然，绝去前代建储诸患。读乾隆问所纂储贰金鉴一书，用意至深远矣。”又载：“雍正以来，建储而不宣制。嘉庆已未初十日卯初，仁宗恪遵家法，默定皇储，书名密缄秘匵及正大光明殿匾内。庚辰，仁宗上宾于避暑山庄，时宣宗与慧亲王同扈从，顾命大臣既启秘缄，宣宗犹以薄德辞让。先是，事闻京师，孝和皇太后虑事在仓猝，圣嗣谦德，命留京王大臣驰寄懿旨，命宣宗即正大位，以慰天下臣民之望。此盖宣宗至德至孝，故圣母眷爱之隆，与仁宗默定建储之意，若合符契如此。乾隆戊子，高宗题皇六子永容所画岁朝图，恭进慈宁，有‘永绵奕载奉慈娱’之句。厥后，载郡王锡生，即以‘载’字命名，然未奉明旨也。道光初，命阁臣别拟美字，阁臣以‘溥’‘焘’‘增’‘蕃’‘毓’‘恒’‘彝’‘式’‘启’‘长’十字进，朱笔圈出‘溥’‘毓’‘恒’‘启’四字，从此按字开支，引之弗替，实国家百业承庥之庆也。”

圆明园作为皇家宫苑，没有皇帝的诏见任何人是不能进出此园的，除乾隆朝沈源、唐岱所绘的《四十景图》和于敏中作的《日下旧闻考》，以及雍、乾、嘉、道、咸五帝即景所吟诗词外，历史留下的记载极少。另一个渠道是从焚毁它的强盗的日记或发表的文章中能窥视圆明园昔日的芳容。请允许我引用一位英法联军随军牧师的记述：“正大光明殿是一个伟大庄严的建筑，清帝就在这座殿内，高居宝座，接见那般得睹龙颜荣宠的少数人物。这座殿屹然独立，不和其他宫殿连接，约十二丈长、八丈宽。殿内两隅陈列着宽博而灿烂的碧玉碗盏，这些是应少数普罗宾的要求以作联军呈给维多利亚女皇的贡品……室内一边墙壁上悬挂着一幅巨大而且详细精致的行宫内庭院总图，几乎把那片墙面都遮盖了。循着一边，走过去一半的光景，立着那金銮殿的轩槛，走上三步阶级就到那里，上面安置一个宝座，纯是紫檀木制就的，雕刻极其华丽，座上铺着精美的绣花椅垫。殿顶天花板是木制的，雕镂着很深的花纹，华丽伟大兼而有之。看来这个地方，真不愧为王家的气概，庄严赫奕，给人们深深的印象而且和建造这殿的宗旨简直再合适不过了！”英国步兵第九十队队长沃尔斯莱记述道：“宝座两边立有高高的屏风，饰以蓝翡翠和孔雀毛，雀羽之上点缀着红宝石和碧玉，雕镂精美的桌柜，沿着屋子四周排列着，其上置有许许多多碧玉瓶、瓷瓶、冰纹瓷缸和中国著名的其他珍奇古玩。殿内还有几座法国大钟。有一处地方，堆积着去年颁布的上谕，而且有许多卷册的中国经书排列适宜，如果需用它寻觅即时参考资料，就可以手到拿来，这些书籍，印刷均颇精美，而且许多卷册的边缘还有清帝的御笔亲批。”

正大光明殿既是朝会听政的地方，也是举行重大庆典的地方，上元朝正外藩宴、廷臣宴于此，此外还是科举考试举行殿试的地方。

据《养吉斋丛录》载：“正月十五日蒙古亲藩宴，在正大光明殿。是日，掌仪司进玩艺，派蒙古王公递酒。旧时唯满洲一二品大臣许入座，嘉庆七年（1802年）并许一二品汉大臣与宴，后以为常。讲官与宴者，席于殿之西北隅。十六日廷臣宴，在正大光明殿。满、汉大学士、尚书皆与，侍郎亦有命入座者。督、抚、将军入觐在京，或得与宴，如乾隆时之萨载、万福、常青是也。宴次，有'喜起舞'，清语谓之'嘛克新'。人数曩亦无定，其礼节与除夕保和殿宴同。新正宴外藩，例设'中和韶乐''舞庆隆舞'，并陈蒙古、回部、金川及各番部乐，并奏杂伎。新正筵宴，乾隆以来率为定例。如有他故，或值斋期，则停止，亦有移于他日者。乾隆癸丑、甲寅正月十六日，月食，罢廷臣宴。乙卯上元，月食，移正大光明殿外藩筵宴于十四日，移宗亲宴于十六日，移廷臣宴于燕九日。上元正大光明殿筵宴，观'庆隆舞'，状八旗士骑马射猎破阵，旁列伶工唱清字歌曲，皆陈王业艰难，与'武始北出，再成而南'之义相似，其曲译汉者，具载会典，甚古雅。"又载："宗室乡、会试中试后，在正大光明殿复试，自嘉庆十九（1814年）年始。其试用一文一诗。新进士向在乾清宫复试。嘉庆六年后，改于保和殿。道光二十四年（1844年）后，皆在圆明园正大光明殿，唯三十年后在保和殿复试，以圣驾在宫中也。咸丰后，皆在保和殿。"

乾隆五十八年（1793年），英使马戛尔尼来华访问，乾隆帝特命安排他参观游览圆明园，英使送给乾隆帝的礼品同时也陈列在正大光明殿。但具有讽刺意味的是，这座清帝雄踞其上以号令全国的大殿，在英法铁蹄践踏北京之后，却成了侵略军指挥烧毁圆明园的临时司令部。侵略者点燃了园内其他建筑之后，最后一把火将这座大殿烧毁。

英国基督教随军牧师莫·格赫记述了正大光明殿的焚毁经过：当我们回来的时候，芬纳带着一两队骑兵，绕行一周，将我们行进时忽略过去的那些外面的建筑也都一齐架火燃烧。我们回到圆明园之后，才知道第六十队的来福枪士兵和旁遮普士兵，已经将他们的时间利用得极其巧妙，所焚烧的区域，宽阔而且遥远，现在所仅存的，就是上文已经描摹过的，自那座正大光明殿，以迄大门中间，所有建筑尚屹然存在，未付焚毁。因为军队驻扎其中，故迟迟有待。时已三钟，我们必须整队，开回北京，乃发布命令，一并焚毁。刹那之间，就找到了燃烧的材料，有几个手脚伶俐的来福枪队士兵，立刻动手放火，将这座正大光明殿熊熊地燃烧起来。庄严华贵之区，且曾为高贵朝觐之殿，经此吞灭一切的火焰，都化为云烟了。屋顶在火焰中已经燃烧了一些时候，不久就要倒塌，一百码外，就可以感觉到那种炎热，扑通的响声，骇目振心，屋顶倒塌下来了。于是园门和那些小屋，也一个不留，一间不留，这所算做世界最宏伟美丽的宫殿的圆明园，绝不留下一点痕迹。直到我们已经完毕这件大工作，便再回到北京去。

侵略者之所以在中国大地上如此横行霸道，为所欲为，不但将中国皇家御园抢劫一空，还要警告中国的皇帝，警告中国人并留下永久性痕迹——焚毁圆明园，这就是帝国主义列强的强盗逻辑，弱国无尊严、弱国无外交。圆明园的大火警示我们：中国必须强大，中国必须立足于世界民族之林！

文 /金鉴

（北京民间文艺家协会会员）

北海与乾隆

北海公园是我国古典园林的一座丰碑。在其长达800多年的历史中，辽、金、元、明各代，虽然都曾经有过辉煌的一页，但是，由于种种原因，特别是明清之际的战争，使其昔日的繁华都已成为陈迹。顺治八年（1651年），清统治者在琼华岛的山顶和南麓立塔建寺，揭开了北海历史上新的一页。乾隆即位以后，认为北海这个地方是“三朝遗迹，地居禁苑”，不能“听其荒废榛秽”。自乾隆七年（1742年）开始，用30多年的时间进行修建。从《日下旧闻考》关于北海的记载，可以看出：今天的北海公园，基本上还是乾隆年间的面貌。北海这座丰碑，是在乾隆年间建成的。可以这样说，没有乾隆年间30多年的经营，就没有北海这座丰碑，就没有今天的北海公园。

为什么在乾隆年间会出现北海这座丰碑呢？我以为主要有以下三方面的原因。

一、经济方面的原因。封建社会是自给自足的小农经济，国家的财政收入，主要来自农业。清代初年，由于长期的战乱，社会经济遭到严重破坏，耕地大量荒芜，农民死亡逃徙，严重地影响了国家的财政收入。明末农民大起义前的天启三年（1623年），全国的耕地面积共有7439319顷，到顺治十八年（1661年）只剩下5265028顷，减少了1／3。为了鼓励垦荒，清统治者采取了一系列的措施。雍正二年（1724年）上升为6837914顷，乾隆三十一年（1766年），再增为7414095顷，接近明末耕地的数字。

天启三年（1623年），全国人口总数为51655459人，顺治十八年（1661年），只剩下19137652人，减少了3/5以上。经过50年的休养生息，康熙五十年（1711年），增加到24621324人。康熙五十一年（1712年），清统治者实行“滋生

◎北海公园太液池

人丁永不加赋”的政策，把人丁税固定下来。雍正元年（1723年），又进一步实行“摊丁入亩”，将丁银摊入地亩，实际上废除了人头税，按土地的单一标准收税。乾隆六年（1741年）全国人口突然激增到143411559人。乾隆五十五年（1790年）更增加到301487115人，大大超过了我国历史上任何一个朝代的最高纪录。

全国耕地面积的扩大和人口数量的增长，标志着清代社会经济的恢复和发展。国家的财政收入日益增加。顺治一朝，国家的财政状况是“一岁所入，不足供一岁之出”。顺治九年（1652年），刘余谟在《敬陈开垦方略疏》中说:“钱粮每岁入数14855000余两，出数15734000余两，现在不敷银875000余两。”“终世祖之世，岁支常浮于入。”康熙年间（1662～1722年），情况有所好转，但也并不富裕，所以康熙大力提倡节省。康熙四十五年（1706年）康熙在一道上谕中说:“钱粮支用太多，理应节省，否则必至经费不敷，彼时又欲议开捐纳乎?”经过康熙、雍正两朝的积累，到乾隆即位的时候，户部库存银已有3000余万两，乾隆四十六年（1781年）更增加到7000余万两，相当于国家两年多的财政收入，这就为乾隆的大兴土木提供了雄厚的物质基础。北海这座丰碑，正是在这样的历史背景下建成的。

二、园林方面的原因。中国造园的历史，可以上溯到商、周、秦、汉，不仅历代封建统治者要兴建大规模的皇家园林，贵族、官僚、士大夫也经营私家园林。唐代的洛阳，宋代的汴梁，明代的南、北两京，都是名园荟萃之地。在长期的造园活动中，积累了丰富的经验。明崇祯四年（1631年），吴江（今江苏吴江县）计成写成了一部系统总结造园经验的著作《园冶》，对造园的几个主要方面，如造园的指导思想、园址选择、建筑布局（包括屋宇、门窗、栏杆、墙垣的构造和形式）、山石、铺地、借景等都作了系统的阐述。乾隆年间，由于社会经济的恢复和发展，大江南北又一次出现造园的高潮，其中最为突出的是扬州和北京。

乾隆五十八年（1793年），大诗人袁枚在给李斗《扬州画舫录》的序言中说，40年前，他从扬州天宁门外乘船往游平山的时候，还是“长河如绳”“旁少亭台”。但是，在乾隆十六年（1751年）皇帝南巡以后，这里的面貌就大为改观：“水则洋洋然回渊九折矣；山则峨峨然隥约横斜矣；树则焚槎发等，桃梅铺纷矣；苑落则鳞罗棋布，闬然阴闭而霅然阳开矣。”正是：“增假山而作陇，家家住青翠城，开止水以为渠，处处是烟波楼阁。”面对这种盛况，袁枚不禁大加赞叹：“猗欤休哉！其壮观异彩，顾、陆所不能画，班、扬所不能赋也。”

在这期间，北京的皇家园林和私家园林如雨后春笋般涌现出来，南方的一些名园胜景也被移植到了北方。

乾隆六次南巡，都有如意馆的画工一同前往，把他看中的胜景名园绘成图样，带回北京，在北京和热河的皇家园林中仿建。清漪园中的惠山园是模仿无锡惠山秦家的寄畅园，圆明园的安澜园是模仿海宁陈家的隅园，避暑山庄的烟雨楼，则不仅模仿嘉兴烟雨楼的景色，甚至连名字也搬来了。这种手法，在北海我们也同样可以看到。乾隆在《漪澜堂》一诗的序中说：“（漪澜堂）在琼岛之北麓，略仿金山规制为之。俯液池，瞻穹塔，觉水态云容来参几席，更不与江天别异同矣。”他明确地告诉我们，这组建筑是模仿镇江金山寺修成的。但是，乾隆移植这些名园胜景，都不是机械地照搬，而是取其神似，使这些建筑物与周围的景色浑然一体，“虽由人造，宛自天开”。北海之所以成为古典园林中的一座丰碑，正是中国古典园林艺术高度发展的结果。

三、乾隆个人方面的原因。北海之所以成为古典园林中的一座丰碑，还和乾隆个人的思想、修养、兴趣、爱好有关。在清代，乾隆是一个具有相当高的文化修养的皇帝，他能诗、善画、长于书法，有很高的艺术鉴赏能力。他曾直言不讳地说“山水之乐不能忘于怀”，对园林具有浓厚的兴趣。不仅大修皇家园林，而且在质量上要求很高。《汉书·高帝纪》载：汉七年，刘邦到达长安，丞相萧何修建未央宫，立东阙、北阙、前殿、武库、大仓，规模壮丽。刘邦看了非常生气，对萧何说：“天下匈匈，劳苦数岁，成败未可知也，是何治宫室过度也?”萧何回答说:“天下方未定,故可因以就宫室。且夫天子四海为家,非令壮丽,无以重威,且无令后世有以加也。”刘邦听了这番话,转怒为喜,把都城从栎阳迁到长安。北京的紫禁城,是明王朝兴建的,其宏伟壮丽,已达到最高水平。所以,乾隆把兴建的重点放在皇家园林的兴建上,他即位以后,不仅扩建和改建了康熙、雍正年间在北京西北郊兴建的畅春园、圆明园、静明园、静宜园,还在疏浚西湖(今昆明湖)之后,因湖山之胜修建了清漪园。他在《万寿山清漪园记》中谈到修建这些皇家园林的意图时说:“畅春以奉东朝,圆明以恒莅政,清猗、静明,一水可通,以为敕几清暇散志澄怀之所,萧何所谓无令后世有以加者,意在斯乎!意在斯乎!”他之所以要在紫禁城的西面营造包括北海在内的西苑,和他要借皇家园林的壮丽来表现皇帝的权威是分不开的。

还应该指出的是乾隆的财政思想。他认为“国家经费,原当量入为出。”但是,对于“足兵卫民,为万年久远计者,又不得稍存靳惜之见。”他还认为,“泉货本流通之物。财散民聚,圣训甚明。与其聚之于上,毋宁散之于下。”由于时代的局限,他不懂得把国库里的钱用来办工厂、开矿山、修铁路,发展社会生产力,而是采用了大兴土木的办法。他在《日下旧闻考·题词》的自注中说:“予临御四十余年,凡京师坛庙、宫殿、城郭、河渠、苑囿、衙署,莫不修整。”以“物给价,工给值”的办法,把国库里的积蓄散之于民。在乾隆年间,北京不仅出现了一个园林建设的高潮,而且出现了一个城市建设的高潮。北海这座丰碑,正是在北京建设高潮和园林建设高潮中形成的。

乾隆为了个人的享受和表现皇家的权威而大兴土木,是应受到谴责的。乾隆四十六年(1781年),他在《知过论》中也曾写道“以频兴工作,引为己过”。但是,乾隆把国库里的钱散之于天下,为成千上万的能工巧匠提供了发挥聪明才智的场所,为我们留下了像北海公园这样珍贵的文化遗产,它不仅是广大人民休憩游览的胜地,还是发展旅游事业的重要资源,当然,这方面的作用,是乾隆当年所不曾想到的。

文 /王道成

(清史研究所教授)

国宝与北京动物园

情缘与责任

虽然大熊猫生就平常而单调的黑白两色，但这黑与白却把大熊猫演绎得绮丽动人，朴素而珍奇，别有一番风韵，深得不同肤色人民的喜爱；就是这黑白分明的特色令它所到之处无不掀起强大的“熊猫热潮”，引得万人空巷，同时让世界了解了中国的文化和哲学，架起了我国和许多国家友谊的桥梁，也让大熊猫成为连通世界的特殊使者。大熊猫出国时得到国家元首般的待遇，有的

◎国宝大熊猫

下飞机踩着红地毯，有的由战斗机护航，俨然中国的外交官，不仅成为中国的象征，也是世界的骄傲。

世界对大熊猫的热情和渴望却越来越强烈。许多国家纷纷通过各种方式邀请中国的大熊猫去“访问”。中国政府有关部门先后组织了数十次“大熊猫访问团”，出国“访问”展出。于是，1984年洛杉矶奥林匹克运动会前夕，中美两国相关组织达成了此间在洛杉矶城借展1对大熊猫的协议。北京动物园的“永永”和“迎新”成了第一对以巡展方式走出国门的大熊猫，由饲养员、兽医和翻译人员组成的专家组陪同这一对3岁的贵宾，于当年6月搭乘专机来到美国，一直延展至10月底，之后又在旧金山逗留了3个月。从此，大熊猫以特殊的身份相继走出国门：1984年在香港（地区），1985年赴加拿大，1986年赴爱尔兰、瑞典，1987年赴比利时，1988年赴日本、澳大利亚、新西兰，1990年赴新加坡、英国，1992年赴泰国等。特殊使者大熊猫们在美洲、亚洲和欧洲过着贵族般的生活。熊猫就是中国，熊猫就是北京，熊猫就是北京动物园。一时间的喧啸与沸腾，莫大的责任与期望，莫大的压力与挑战都包容在这里——北京动物园。

在文化的交流中，大熊猫与奥运会的机缘最深。1984年第23届奥运会将在美国洛杉矶举行，西方石油公司的总裁找到邓小平同志，希望中国能在奥运会期间送展珍稀濒危动物大熊猫。邓小平同志爽快地答应了总裁的请求，于是，北京动物园的“永永”和“迎新”成了第一对以巡展方式走出国门的大熊猫，由饲养员欧阳干、兽医郑锦章和翻译人员组成的专家组陪同，于当年6月搭乘专机来到美国。就这样这两只大熊猫成为了第23届洛杉矶奥运会的贵宾。此时正是改革开放的初期，中国体育代表团首次参加奥运会，也是我们的国宝大熊猫第一次出国借展，这一消息轰动了世界，在世界认识大熊猫的同时，也了解了新中国，了解了中国人民及悠久的文化，从此也开始了大熊猫出国借展的历史。

1988年卡尔加里第15届冬奥会。这次为了配合奥运会，中国代表团带来的两只大熊猫“群群”和“希希”在加拿大展出了整整一年，引起当地群众的兴趣。由于大熊猫的到来，该园的访问人数超过了135万，创造了历史记录。在加拿大卡尔加里动物园史志中，在他们70年的建园史上，1988年是他们最骄

◎2001年大熊猫赴俄罗斯"申奥"

傲的时光，是动物园发展的一个重要里程碑，因为他们把大熊猫介绍给了加拿大人，介绍给了全世界人民。

2001年，国际奥委会在俄罗斯决定2008年奥运会举办国的时候，北京动物园护卫两只大熊猫"奔奔"和"文文"就作为文化使者赴莫斯科为中国"助威"。

三个世界第一在这里诞生

1953年，北京动物园将从野外得到的大熊猫，寄养在成都动物园，让大熊猫有一个适应周期。1955年6月，北京动物园从四川熊猫产地空运护送3只大熊猫回北京。拉开了中国饲养繁育大熊猫的序幕。1963年4月，北京动物园的大熊猫"莉莉"与"皮皮"合笼交配，此后的几个月，大家似乎都忘记了这次历史性的交配，依然在按部就班的工作中饲养大熊猫。然而，9月初的一天，有饲养员报告说莉莉食欲不好，不吃东西，而且行为也反常，可能生病了。于是，兽医们将其诊断为肠胃病，进行了相关的治疗，并采取了灌肠术。就在术后的第二天，1963年9月9日，饲养员惊喜地发现莉莉的怀里有一个粉红色的小家伙，像一只大老鼠，但叫声很洪亮，划破了笼舍的寂静。原来，这是莉莉生下的一只雄性大熊猫，在此之前，世人还不了解大熊猫的幼仔如此幼小，如此羸弱。大家希望这只幼熊猫能健康地成长，有一个明朗的未来，于是给其取名“明明”。自此，中国开始了人工圈养条件下大熊猫繁殖的历史，“明明”也光荣地成为圈养大熊猫自然繁殖成功的第一仔。雌性大熊猫“莉莉”也成了光荣的母亲，为人工饲养繁殖奠定了基础。世界上第一只在圈养环境下成功繁育的大熊猫在不经意中诞生了。北京动物园的名字，由此更加响亮，更加备受关注。

1978年，北京动物园成立了“大熊猫人工授精小组”，准备进行大熊猫的人工授精实验，主要就是要解决雄性大熊猫配种难的问题。

人工授精的方法在家畜中应用比较多，特别是牛和猪，然而大熊猫是野生动物，生活习性与家畜截然不同。因此，人工授精的方法与家畜常用方法也有差别。为确保安全，全部操作必须要在化学保定（麻醉）状态下进行。所以化学保定的成功与否是人工授精的关键所在，只有在这种状态下才能从雄性大熊猫体内采精，而后将精液输给雌性大熊猫。由于大熊猫是珍稀濒危动物，为保险起见，以科学家刘维新为首的科研组先用其他的野生动物如狐、黑熊、狼、广西猴和翠猴等作了多次预备实验，反复比较各动物的剂量和效果，根据体重进行换算，其结果为正式实验奠定了基础，使大熊猫人工授精工作进行得比较顺利。

化学保定问题解决后就是采精和输精的过程了。有关人工授精的所有准备工作都已经完备，1978年4月，北京动物园对3只雄性大熊猫进行电刺激人工采精，并对4只雌性大熊猫进行人工授精。用新鲜的精液给大熊猫“涓涓”实施了3次人工授精。当年9月8日，“涓涓”生下两仔，其中人工哺育的一只（初生重125克）产后64小时死亡，母兽哺育的一只取名“元晶”，意思是象征“第一颗晶莹的辰星”，借以纪念大熊猫人工授精首次成功。它体质健壮，从未患过疾病，出生后7个多月时开始单独饲养，能吃能喝，每天吃牛奶1.5斤、米饭0.4斤、窝头2斤、竹竿约3斤，3年后体重已达140多斤。

“元晶”深受国内外动物专家和动物爱好者的珍爱，它的诞生开辟了人工繁殖大熊猫的新途径，又是大熊猫种群发展中的一个里程碑，对维持这一古老动物种群的存在具有重要意义。"涓涓"和"元晶"以及北京动物园的科研人员从此被载入了大熊猫科研的史册。1979年，该成果获国家科技进步三等奖。使用人工受精技术繁育大熊猫的成功，创造了第二个世界第一。

圈养大熊猫因为采取人工授精技术,生育双胞胎的几率比野外大大提高了。然而通常情况下，生双胞胎或多胞胎的雌性大熊猫只哺育一只幼仔，而其他幼仔均被遗弃。即使有个别母兽愿意哺育多仔，最终也只有一只能够存活；因为初生幼兽嫩弱异常（仅95～140克），哺育期长，要5～6个月方能自白活动，哺育方式也特殊，母兽终日怀抱幼仔，片刻也不放下，极易疲劳。若哺育两仔及以上时，往往顾此失彼，将初生幼兽踩、压致死，所以一般情况下只能成活一仔，有时一个也成活不了。还有的初产大熊猫没有哺育经验也将幼仔遗弃；或者由于母兽产仔后生病、体虚、没有乳汁而无力哺育幼仔；在这些情况下只能采取人工哺育的方式。

大熊猫幼仔自母体娩出后，实际上还处于胎儿期，纤小娇嫩，通红的皮肤微微透明，眼睛紧闭，发育非常不完善。实际上，初生幼仔的发育状况只相当于人类四个月的胎儿。它的大脑表面还没有出现沟回，淋巴免疫系统也没有见到白细胞，肾小球也还没有被包氏囊包围等，这些都说明它就像一个早产儿。大熊猫现在的习性是在几千万年的漫长岁月中逐渐演化形成的，这也是大熊猫成为弱势种群的一个特征。为了哺育发育不全、体重极轻的幼仔，大熊猫比世界上任何动物都要专注。也许是作为补偿，大熊猫演化出一套极为复杂的育幼方式和手段。因此，产后的哺育对于幼仔能否存活至关重要。

北京动物园的饲养员在70年代曾尝试以牛奶饲喂幼仔，用自己的体温抚育挽救幼仔，但这些幼仔大都在十几小时后就死亡了，只有一只存活了48个小时。这是人工哺育大熊猫最早的尝试。1980年，北京动物园开始使用育婴箱，结果5天后幼仔还是患出血性肺炎继发胸膜炎和皮外伤脓疱死亡。1991年，北京动物园与卧龙大熊猫繁殖中心一起对大熊猫的人工育幼进行了一次长达半年的尝试，让人们看到了一线曙光。

科研人员从绿地那里总结了经验，第二年的繁殖季节，1992年9月，北京动物园10岁的大熊猫"永永"产下一对双胞胎，一只由母兽哺育，另一只被取出全人工哺育。经过科技、饲养人员的科学研究和夜以继日的精心饲养、护理，终使其成活，开创了世界上第一只大熊猫全人工哺育幼仔成功的先河。第三个世界第一历经12年的努力，再次被创造出来。1980年北京动物园正式把大熊猫幼仔的人工哺育列为一项研究课题。终于在12年后，北京动物园攻克了未吃初乳幼仔人工哺育成活的难关，创造了大熊猫第一次全人工育幼的奇迹。此项科研成果受到国内外同行的高度赞誉，纷纷来电祝贺成功。

文 /刘赫

（北京动物园高级畜牧师）

园林文化与管理丛书

园林探秘

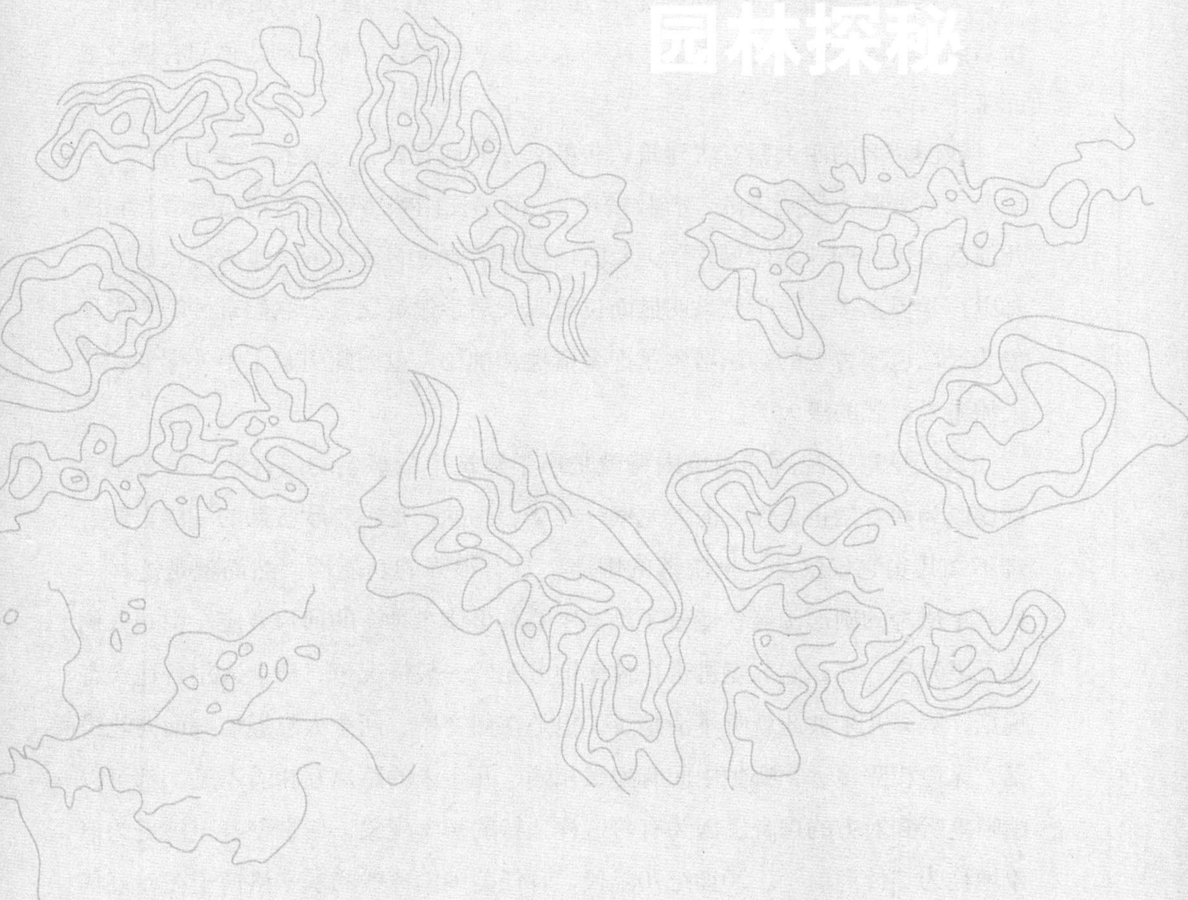

回音壁探秘

天坛祈年殿是北京一处标志性建筑，其宏伟的气度可以震撼每一位第一次看到它的人，但是有很多第一次到天坛参观的游客，最初却是慕回音壁之名而来。

我国著名的四大回音古建筑，包括天坛的回音壁、三音石、“圜丘清音”，山西永济普救寺莺莺塔的“普救蟾声”，河南三门峡宝轮寺的“蛤蟆塔”和四川潼南大佛寺的“石磴琴声”。天坛具有声学效应的建筑最终建成年代最晚，却以声学现象多、声学效果明显而位居四大声学建筑之首。它们奇妙的声学现象为天坛这座古老的神坛增添了许多情趣和神秘，也因此引起了中外学者和广大旅游爱好者的极大关注。

天坛皇穹宇院落的围墙内壁就是声学建筑中最著名的回音壁。很多游客都误以为回音壁也是像北海九龙壁一样华彩绚丽，是很有欣赏性的一堵影壁，却不知其实它仅仅是一个院落的围墙，具有很强的功能性。然而就是这样一座简单质朴的圆形围墙，造就了皇穹宇院落里诸多神奇的回声效应，引起人们的无限猜想。那么它究竟神奇在什么地方呢？一般情况下，两个人用普通声音说话，隔开几米彼此就听不清楚了，但是在回音壁，两个人靠近墙壁面向北说话，无论相隔多远，哪怕中间有配殿相隔，几十米的距离互相看不见，都可以清晰地听到对方的声音。因为有着这样独特的声学现象，回音壁甚至被更为形象地称为“传声墙”。20世纪70年代，时任美国国务卿的基辛格博士在乔冠华外长陪同下游回音壁时，还曾称赞这个“传声墙”的效果很好，笑谈可以通过它来谈判。

皇穹宇殿前神道的第三块石板是声学现象最为明显的三音石。顾名思义，站在石上击掌能清晰地听到三个回声，在嘈杂的白天，因为有两个回声相隔很近而常被误以为只有两个回声而已。实际上，站在第一块石板上击掌能听到一声回音，因此叫“一音石”；在第二块石板上击掌能听到两个回声，因此叫“二音石”；站在第四、第五块石板上击掌，也能听到回音。这前三块石板又叫“三才石”，依次代表天、地、人。夜深人静时，站在“人石”（三音石）上虽轻声细语，声音却会如雷贯耳，这种现象被称为“人间私语，天闻若雷”，显示出人间的一言一行，冥冥之中自有天神明察秋毫。虽然名称体现的是古代人的认知观念，但是其深层含义仍然值得现代人去深思体会。

另一处回音建筑也是新燕京十六景之一——圜丘清音。站在无人的圜丘台上，不论向哪个方向喊话，回声都会从四面八方传回来，仿佛有许多人站在台的四周同时应和一样。在天心石（位于圜丘坛中央）上说话，共鸣效果更为强烈，耳畔轰响，感觉天地昭昭，无所遁形，天与大自然可以轻易感知自己的心声。古代皇帝们认为这是上帝显灵，表示他们向人民发布命令会一呼百应，因此天心石在明嘉靖朝建圜丘时就被命名为“亿兆景（yǐng）从”石。

历史上，这些建筑神奇的回声功效颇使人迷惑，长期以来，人们无法科学地解释这些现象。1953年，中科院院士汤定元先生率先对其进行了研究，

◎皇穹宇——回音壁

对回音壁、三音石、天心石三个声学现象的形成机理，提出了很有见地的科学猜想，他认为皇穹宇围垣周密，表面光洁，使声波不被墙体吸纳，进而发生反射，产生了回音；声音自天心石发出，向各方扩散，经各方栏板反射回来的声音走了同样的距离，正好在中心集合。这些假说是否正确呢？在以后的几十年中，人们一直试图用科学仪器直接进行测试从而加以验证。直到1993年，天坛公园与黑龙江大学合作，使用声级计、频谱分析仪等先进的科学仪器和现代科技手段，对天坛声学建筑进行了较为系统的测试与研究，才彻底揭开了天坛回声现象之谜，也给人们留下了更多的科学启示。

回音壁能传音是因为它是由山东临清“澄浆砖”磨砖对缝砌筑而成，砖体“敲之有声，断之无孔”，质地坚硬，墙面光滑平整，弧度规则，是良好的声音反射体。声波由一人发出向北经墙面多次连续反射后传给另一人，向南则因有三座琉璃门阻断了声波的反射而难以听到。

三音石基本位于回音壁的圆心，它的第一个回声是两个配殿将声波反射后叠加而成，第二、第三个回声则是回音壁对击掌声波的第一、第二次反射的汇聚。其实还有第三、第四次反射，只是声音太弱，人耳难以分辨。一音石的一个微弱回声，是声波被回音壁两次连续反射，经历一个钝角三角形“长途”返回到一音石上形成。二音石的两个回声，第一个是声波被东西配殿墙反射后在二音石上叠加形成，第二个则与一音石的回声机理相同。

圜丘的台面、栏板、望柱是很好的声音反射体。在天心石上发出声音，声波一部分经连续反射，汇聚到天心石；一部分经栏板、台面、对侧栏板返回再汇聚到天心石；另一部分声波则经围栏中部凹凸不平的花纹来回三次散射最终汇聚到天心石。虽然连续形成回声，但是由于说话声与回声间隔很短，人耳难以分辨，所以听起来像是强烈的共鸣声。

文 /袁兆晖

（天坛公园文研室工作人员）

慈禧为何将镜清斋改名

静心斋是北海北岸一处著名的园中之园，建于乾隆二十四年（1759年），是江南私家园林与皇家园林结合的艺术典范，也是江南私家园林的造园艺术在北方的成功实践和再创造。作为园林景观的一个重要元素，静心斋内原拄有大量的匾额楹联。根据史书的记载，这些匾额楹联的创作大都出自乾隆帝之手，民国年间居住在静心斋的陆徽祥曾感叹这些“联额题咏，隽永渊雅”，通过这些匾额楹联，我们不仅能更好地领略到景观之美，亦能体察创作者深层次的创作感情。

静心斋位于北海北岸，凭临太液池，琼华岛环抱于其前，蚕坛古刹依附于斋之左右。静心斋正门三楹，悬“静心斋”之匾，根据史书的记载，乾隆时这里名为“镜清斋”，至于何时改为“静心斋”，学者赵光华的论断较为中肯，他认为这是西太后修建三海时所改。其时正当太平天国革命结束不久，外国侵略势力也很猖獗，清朝统治正处于内外交困、风雨飘摇之际，“镜清”同“靖清”，有谐音之忌，因此西太后于此时将其改称“静心斋”。这一改动之后的名称平实简单了很多，远没有“镜清”二字内涵丰富，引人遐想，但这一行为背后却折射出那一段惨痛的历史，折射出西太后无奈的复杂心情，也使静心斋这一处精致美丽的园中之园平添了几分历史的深厚与凝重。

静心斋入门为荷沼，北为堂五楹，前廊后轩，悬“镜清斋”匾额，因其前后临水，乾隆帝有“临池构屋如临镜”的诗句，故将其命名为“镜清斋”。面对这环抱着镜清斋清澈透明的水面，乾隆帝不禁生发出许多修身、治国的感悟，他告诫自己要像眼前的水池一般“不示憎与好”，客观公正，坦坦荡荡，只有如此，才能“朗鉴凭观万物情”；另一方面，身为一国之君，必须体察人情，忌太过苛刻，乾隆引用“水至清则无鱼”的典故警示自己要“无鱼有戒验人情”。镜清斋内所挂匾额是“不为物先”，语出自《史记·太史公自序》：“不为物先，不为物后，故能为万物主。”这是说对待事物要有一个正确的态度，不过分强调，也不忽视，才能主宰万物，这是儒家的中庸之道。镜清斋的楹联是：“照槛净无尘，风来水面；开帘光有象，月印波心。”当我们读到这副楹联时，脑海中会浮现出幽雅清静的月夜景象；微风轻拂过水面，月光下的栏杆洁净无尘，掀开帘子让月光洒进屋内，波心倒映着一轮明月。镜清斋大殿的东西壁联分别为：“图书左右怡情久；翡翠兰苕浴浪鲜”“庭余松竹足消夏；架有诗书藉讨源”。通过这两副楹联我们会禁不住感叹这里真是一处消闲读书的好去处，炎炎夏日，这里是松竹成荫，碧绿的兰苕沐浴在水气中鲜亮明艳，伴着这自然美景，更有诗书陶冶情操。后轩也挂有一副楹联：“峰姿擢翠入澄照，镜影涵虚惬旷怀。”意指从这里可以欣赏到院中堆叠得巧夺天工的山石，倒映在清澈的水中，如镜的水面虚怀若谷，容纳一切，让人心旷神怡，无比惬意。

镜清斋的东边是一进小院落，院内一泓清水，几组山石，一丛幽竹，不事雕琢，简单自然。“抱素书屋”就坐落在院落的北边，有人认为“抱素”语出《老子》“见素抱朴，少私寡欲”，但实际上乾隆这里所用的“抱素”二字乃出自《汉书·礼乐志》“兆民反本，抱素怀朴”，最直接的证据是乾隆本人的《抱素书屋》一诗，在结尾处注云“抱素怀朴，出《汉书》”。就境界而论，前者是就个人的修养而言，后者乃是治国之大策，意为国家民风淳朴，人民安于本业，不事奢华。作为历史上一位非常有作为的君主，乾隆在这里表达了一种他毕生孜孜以求的儒家治世理想。抱素书屋的楹联是：“地学蓬瀛尘自远；身依泉石兴偏幽”，把这里比喻为传说中的蓬莱、瀛洲一样，远离尘世的俗务，身处泉石之旁而兴致幽雅。这进院落的东边坐落着一处西向的建筑：“韵琴斋”，“韵琴斋”之得名是由于这里的水流落差形成泉瀑，水流声如抚琴一般动听。楹联“赏心乐事无伦比；妙色真声兼占之”恰到好处地概括了这一景致的特点，妙色与真声并存，眼所观与耳所闻共美，动与静相交融，叫人如何不慨叹这无与伦比的“赏心乐事”呢？

出韵琴斋东行可到焙茶坞，它面北临池而立，地势较低，位于全园的东南角，可以欣赏到园内的美景。“焙茶”是指烘制新鲜茶叶，而北京并不产茶，之所以将这里命名为“焙茶坞”，乾隆自己解释道：“生叶还需细火焙，云林诗咏识其艰。安名缀景聊烹茗，依媚民情永念间。”1751年，乾隆第一次南巡至杭州龙井，看到了采茶的辛苦过程并作歌记之，在这里建一焙茶坞，一是取其名高雅，二是为了体念民情，正所谓“盖未经目睹，亦不知其艰也”。焙茶坞的楹联是：“岩泉澄碧生秋色；林树萧森带曙霞”，秋日的泉水清碧干净，幽静的树木披上一缕霞光，此联大处着眼，描绘了园中秋季清晨的美丽景象。

从培茶坞沿廊转北拾级而上可达罨画轩，此轩南向坐落在高台之上，极目远眺，美景一览无余。“罨画”是指从这里望去，周围的景物宛如图画一般美丽，置身罨画轩，就仿佛被画一般的景物所包围着、覆盖着。罨画轩地势高峻，既能远眺，又可近观，无疑是观景的好地方，可谓“山容与水态，罨画一窗间”。这里四季风光如画，有“绿轻苔作色，黄重柳垂条”的盎然春意，也有“树荫翠带凉，苔色润生烟”的宜人夏季，“腊底年初望雪滋，今来积素映心怡”，更表达了乾隆帝盼雪的急切与赏雪的愉快心情。这不仅是因为雪后的美景，更是因为降雪关系到农业的收成，关系到国计民生。罨画轩室内悬匾“标青”，“标”，木梢也，意指从这里可以眺望琼华岛上青碧的树木。其联“一室之中观四海；千秋以上验平生”更是表达了乾隆帝的宏伟抱负及豪迈自信之情：自己这丰功伟绩的一生经得起历史和后人的检验。罨画轩地势高耸，凭窗远眺，尽览眼前美景，乾隆作为盛世之君，面对这楼阁亭台、琼岛太液，联想到

◎北海静心斋

国家的广袤繁荣，自信之感油然而生，豪迈之情充盈胸间，于是有“千秋以上验平生”之语。

静心斋等北海“园中之园”都与乾隆皇帝有着密切的关联，打上了乾隆品味的深刻烙印。乾隆本人聪颖好学，从小就接受汉族文化教育，儒学功底深厚，艺术修养也很高。他亲自命名并题写匾额楹联，体现了较强的美学感悟力。同时，作为一位接受传统文化熏陶的文人，他又十分注重修身养性，静心斋静谧优美，乾隆就把它作为一处读书品茗、陶冶情操之地，追求一种自然、淡泊、宁静的生活。作为一国之君，他胸怀天下，其理想、信念、抱负也体现在这些文字中。

静心斋是一处造园技术高超，江南私家园林与北方皇家园林完美结合的园林景观，具有由皇帝兴建及享用的尊贵身份，同时还是一处见证了200多年历史的珍贵文物景观，这些特点在其匾额楹联中都有反映。通过这些文字，我们不仅能感受到景观的神韵及意境之美，了解中国古典皇家园林的魅力与内涵，还能体验到创作者的胸怀与情感，体验到时间的轨迹与历史的厚重。

文 /赵丽

（原北海公园文化研究室高级工程师）

论大报恩延寿塔的倒掉
——万寿山大报恩延寿寺毁塔建阁原因的气象学阐释

颐和园是中外驰名的东方古典园林，其万寿山前山建筑群是整个园林建筑的主体部分，耸立于高台之上的佛香阁，因其体量巨大、金碧辉煌、雄踞万寿山中央，成为颐和园的代表性建筑。但是，早在清漪园（颐和园前身）初建时，矗立在佛香阁位置上的却是一座九层宝塔。那么，是什么原因导致了这座九层宝塔的消失，又是什么原因促使乾隆在原址上改建一座三层佛阁呢?

乾隆十六年（1751年），为了给自己的母亲庆祝60周岁生日，皇帝特命在万寿山南坡仿照杭州六和塔样式修建一座九层宝塔。一开始，建塔工程进行得非常顺利，到乾隆二十二年(1756年），这座九层宝塔已经修到了第八层上。乾隆《万寿山即景诗》云：

松风宛是昨年闻，偃盖新添翠几分。
隔岁山岭忽入夏，阅时塔影渐横云。

诗注云：构塔已至第八层，尚未毕工。

就在这年底，工程即将进入到第九层修建时，这座巍峨矗立在万寿山上的大报恩延寿塔却意外的“颓堕”了。是什么原因导致了这座宝塔的颓堕呢?

位于杭州的六和塔，高达60米，平面八角，周围有十三层木构外檐。万寿山大报恩延寿塔既仿杭州六和塔样式而建，则其样式、高度都应与其相仿。

乾隆二十年（1755年），皇帝有《雨后万寿山》诗，云：

轻烟新润霭清和，霁景名山翠滴螺。

塔影渐高出岭上，林光增密锁岩阿。

诗注云：山前建延寿塔，今至第五层，已高出山顶矣。

也就是说，只建到五层的大报恩延寿塔已高过山顶，与改建后的佛香阁高度相仿。改建后的佛香阁地面高程42米，则最早的九层大报恩延寿塔设计高度应在70米上下。如此，乾隆二十二年（1757年）已经建完第八层的大报恩延寿塔高度应在60米上下，至少应有近20米的塔身高出山顶。

乾隆皇帝的《志过》诗作于乾隆二十三年（1758年）二月，则延寿塔的颓堕时间应在乾隆二十二年、二十三年之交。

宝塔颓堕后，一向察察为明的乾隆皇帝并没有将相关人员治罪。但是，正如他在乾隆二十九年（1764年）在《永佑寺舍利塔记》中所写道："龟玉毁于椟，有司者不能辞其责也。"既然如此，为何相关工程人员没有受到相应惩处呢，是乾隆皇帝一时的宽宏大量吗？虽然，乾隆自己解释说，他不忍以工作微过而责人，"于是一无所问"。

要知道，宝塔颓堕可不是工作微过，而且，建成八层的宝塔仅工料银一项就达到了十五万二百四十九两九钱四厘，加上建造、拆卸的人工用银，这是一笔非常巨大的费用开支。

那么，延寿塔颓堕，而乾隆"于是一无所问"的原因就容易理解了，也就是说延寿塔的颓堕并非人为工程缺陷造成的，而是外在自然力摧拉的结果。

观察西山地势可见，位于万寿山西面的香山最高峰与其侧的山头之间有一道天然的巨大垭口。每年冬季，来自石景山、门头沟的西风，自此处经过，进入香山地区，继而扫过金山外侧，过玉泉山，到达清漪园。冬季的西北烈风在经过香山垭口时，受到两侧山体的阻压，风力被加大。因此，垭口以东地区，离山口越近的地方，风力越强。玉泉山塔与大报恩延寿塔同处于风口冲击面上。这个冲击面上的风力能达到几级呢？

乾隆中叶，曹雪芹的友人敦诚曾骑马到西山，出阜成门时，遭遇大风，马几乎站立不住，痛笞马匹，仍不能前进。阜成门风速如此，西山、万寿山一带可想而知。而据北京市植物园的气象观测，植物园面对该垭口处的冬季极限风力曾达到十二级。正是因为考虑到这一原因，处在这一位置上的展览温室被修作球形，以卸去西面刮来的强风。

只建设了三层就已高出万寿山顶20余米的大报恩延寿塔，在大风袭来时，所受到的冲击力，是可以想象的。在这种情况下，它的颓堕就是很容易理解的事情了。

既然，玉峰塔与大报恩延寿塔同处于风口冲击面上，何以玉峰塔就能抵抗巨风的冲击？这与玉峰塔自身的体量有着密切的关系。

玉峰塔体瘦量小，其受风面自然较大报恩延寿塔要小；加之，玉峰塔的高度远逊于大报恩延寿塔的高度，所受到风的冲力自然也要小于大报恩延寿塔。

大报恩延寿塔颓堕后，乾隆皇帝没有按照常规，命相关人员对宝塔进行维护，而是命令将其拆除，改建一座三层八面的木阁，时称八方阁，这就是后来的佛香阁。大报恩延寿塔与三层木阁是完全不同的两个思路，是什么原因导致乾隆皇帝在短短的月余时间里改变了主意呢？

乾隆二十五年（1760年），乾隆在《新春游万寿山报恩延寿寺诸景即事杂咏》第二首写道：

宝塔初修未克终，佛楼改建落成工。

诗题《志过》人皆见，慈寿原同山样崇。

诗注云：先是，欲仿浙江六和塔式建塔，为圣母皇太后祝厘，工作不臻而颓，因考《春明梦余录》，历载京城西北隅不宜高建窣堵，乃罢更筑之议，就其基改建佛楼，且作诗纪实，题曰《志过》云。

由于《春明梦余录》中并没有“京城西北隅不宜高建窣堵的记载”，因而，学界在讨论这一问题时，都将这句诗注看作乾隆的托词，而不予采信。周维权认为：“塔的形象对于园林造景不甚恰当，而需要重新改造，这或许就是乾隆决心拆塔建阁的主要动机。”而王道成则认为：“慑于灾异示警和祸于风水之论，都是万寿山拆塔建阁的原因。”清华大学建筑学院编著的《颐和园》亦持此说。可见，后一种观点是颇具权威性的。

虽然，王道成先生认为，乾隆“慑于灾异示警和祸于风水之论，都是万寿山拆塔建阁的原因”，但他在文章中引用载于《春明梦余录》中朱鉴《兴造吉凶疏》，认为乾隆皇帝拆除大报恩延寿塔的行动受到了朱鉴文的影响。从他的分析来看，他把拆塔建阁的主要原因归结为乾隆皇帝思想上受到了《兴造吉凶疏》的影响。实际情况又是怎样的呢？

笔者认为，将乾隆皇帝拆塔建阁的原因归结为造景所需，固然无所依据；但是，将这一原因归结为乾隆相信风水之学，受到《兴造吉凶疏》影响，也很难成立。

《兴造吉凶疏》载于《春明梦余录》卷四十六《工部》条下，其文认为，京师内局："左为青龙，右为白虎，前为朱雀，后为元武。青龙宜动，白虎、朱雀、元武宜静。自永乐、宣德以来，各衙门在青龙头旺。庆寿寺衰微，浮屠破坏，故不为灾，住居安稳，国家无事。近年以来，却将白虎头上庆寿寺重新修盖，朝暮焚香，钟鼓齐鸣；又将二浮屠鼎新修理。虎嫌生角，龙怕无睛……加以西山一带新造寺宇数多，本欲求福，殊不知反助其为虐耳。以致江南草寇生发，塞北烟燧不宁，皆因白虎头兴旺之所致也。"

可见，朱鉴文章所论的重点在于京师内局建筑的位置关系，虽涉及西山一带，但并不以其为论述重点；而且，该文开头虽有京师外局"龙弱虎强，山无四顾，喜得有水，亦嫌反跳。"但是，紧接着就有"数者皆曰：'帝星所临，故不必论'"的说法。可见，王先生认为的乾隆皇帝因受《兴造吉凶疏》的影响方改塔为阁，从《兴造吉凶疏》的论述重点和逻辑来看，很难说通，也不符合乾隆皇帝的真实心意。

另，王、周两位都以为,《春明梦余录》中并无"京城西北隅不宜高建窣堵"的文字，因此，乾隆《新春游万寿山报恩延寿寺诸景即事杂咏》诗注所云的"考《春明梦余录》，历载京城西北隅不宜高建窣堵，乃罢更筑之议，就其基改建"的说法，本身就是托词。实际上，乾隆皇帝此诗注的意思是说，《春明梦余录》一书中历载"京城西北隅不宜高建窣堵"的事实。正是鉴于这种事实，乾隆皇帝才下定决心将大报恩延寿塔改为八方木阁。

《春明梦余录》卷之六十六《寺庙》条下记载了当时京师著名的五十九座寺观，其中有一座天主堂。其中，建有塔、阁者，共十五处，分别为：后魏尉使君寺（时龙兴寺）、隋天王寺（时天宁寺）、唐悯忠寺、唐佑圣寺、金弥陀寺（时法藏寺）、辽白塔寺（时妙应寺）、辽永泰寺（时天庆寺）、元报国寺（时大慈仁寺）、元庆寿寺（时双塔寺）、元从容庵、大德显灵宫、真觉寺、极乐寺、安慧寺、慈寿寺。

时名	位置	塔阁	备注
龙兴寺	悯忠寺前	五层木塔	塔灾，舍利函移悯忠寺多宝塔下
悯忠寺	宣武门外	中有高阁，唐谚“悯忠高阁，去天一握”	楼台俱烬
天宁寺	广安门外	内有塔，高十三层	
佑圣寺	通州城内	浮屠十三层，高三百八十尺	
法藏寺	外城东南	后有塔，凡七级，高十丈	
妙应寺	阜成门内	塔制如幢，色白如银	近有青塔寺、黑塔寺，寺存，二塔无
天庆寺	东晓市街	后有高阁	可望天坛
大慈仁寺	广宁门内	后有高阁，西山翠色，以手可扪	
双塔寺	西长安街	塔二：一九级、一七级	
从容庵	宣武门内	砖塔尚存	
大德显灵宫	皇城西	弥罗阁	
真觉寺	阜成门外	石台高五丈许，上列五塔	
极乐寺	阜成门外	园有高楼	
安慧寺	平则门外	蜘蛛塔	火发楼毁
慈寿寺	阜成门外	塔十三级，高入云表	

可见，彼时京师高层建筑多位于京城的东部、南部或西南部，而京师之西北隅确实没有过于高大的楼阁建筑。乾隆所谓“京师西北隅不宜高建窣堵”的结论，大概就是从这些事实中总结出来的。

其实，要解释乾隆何以要拆塔建阁，还是要从他的文字中寻找他真实的想法。乾隆二十三年（1758年）二月，大报恩延寿塔刚刚颓堕不久，乾隆皇帝作《志过》诗，云：

延寿仿六和，将成自颓堕。
梵寺效报恩，复不戒于火。
初意原祝厘，佛力资善果。

虽弗事徭役，究属勤工作。
慈寿天地同，凝藉象教佽。
此非九仞亏，天意明示我。
一念敬怠间，圣狂分右左。
无逸否转泰，自满福召祸。
南北况异宜，窣堵建未妥。
惟是回禄延，遗迹春明颇。
聊将剔灰烬，率与除墭堁。
苟完仍旧观，地因临駊娑。
罢塔永弗为，虽非益增过。
志兹能改心，讵云君子可。

该诗是一份重要的历史文献，它记载了档案文献所没有记载的历史真相。在诗中，乾隆皇帝详细地叙述了他对大报恩延寿塔颓堕的看法，他认为原因有二：

一、此非九仞亏，天意明示我

汉武帝统治时期，董仲舒向汉武帝提出了“罢黜百家、独尊儒术”的建议，从此，董仲舒儒学思想在朝廷的扶持下，成为传统社会的主体思想。董仲舒“天人感应”学说认为，皇帝是上天的儿子，受上天之命来治理国民。皇帝到祭坛向上天祷告，诉说自己的请求；而上天则通过天象向自己的皇帝儿子表达他对世间政治的态度，朝迁清明，则显示祥瑞；皇帝行政有失，则显示灾异。

作为儒家信徒的乾隆，在大报恩延寿塔即将完工之时的颓堕，对他的心理形成了很大的冲击。在他看来，大报恩延寿塔的颓堕，不是因为别的原因，而是“慈寿天地同，凝藉象教佽。此非九仞亏，天意明示我”。

乾隆认为，上天示警是对他频繁使用民力的反应。乾隆皇帝之所以有这种想法，固然与他所受的教育有关，当然，也与他此前的为政方略大有干系。

乾隆二十二年（1757年），乾隆皇帝奉母两次南巡。其间，发动第三次进剿准噶尔的军事行动。因江南、山东、河南等处数年频罹水患，而以当年为最，故回銮途至徐州，分别委派相关大臣通力合作，修理江南、山东、河南黄河水利工程。

凡此种种都是大耗民力之举。虽然，“本朝凡百工役皆发帑和雇，从不派闾阎”，但是，诚如乾隆自己考量的那样“虽弗事徭役，究属勤工作”。正是因为如此，“慈寿天地同，凝禧象教伙。此非九仞亏，天意明示我。”

在这种情况下，乾隆皇帝认为，天意不可违，才有了改塔为阁的举动。

二、南北况异宜，窣堵建未妥

风水学上的考量是乾隆对大报恩延寿塔颓塌原因的另一个解释。其《志过》诗云：“南北况异宜，窣堵建未妥。”而他在乾隆二十九年（1764年）《永佑寺舍利塔记》中写道：“且或者如形家之言，北方诚不可如南方之为塔乎？则有《志过》之作，永罢塔而弗为；然同时之建于热河之永佑寺者不可中止，恐其蹈辙，乃命拆其弗坚及筑不如式者，而概易之以石。阅十岁，甲申，堵窣乃成，岿然峙于避暑山庄，较京师为尤北，则堪舆风水之论固不足凭。此亦有启予之不必信八会地节之滥陈祸福以耸听乎？”

可见，当时大报恩延寿塔颓堕后，确有精于堪舆之人向皇帝提到过“北方诚不可如南方之为塔”的问题；但是，从《志过》诗内容来看，皇帝对此将信将疑，他更多的是把塔颓的原因归结为上天对他滥用民力的示警。

综上，万寿山大报恩延寿塔的倒掉是冬日西北巨风冲击的结果，而乾隆皇帝受“天人感应”学说和《春明梦余录》历载京师西北不宜高建佛塔这一史实的影响，决定弃塔改阁。正是因为乾隆的这个考量，万寿山上少了一座巍峨高塔，多了一座浑厚稳重的八方木阁。

文 /樊志斌
（北京植物园曹雪芹纪念馆馆员）

汉家秘史藏竹几

记得中学读“西风残照，汉家陵阙”时，从大诗人李白的笔下朦朦胧胧地感受到了汉家王朝的残陵断阙曾经恢弘的伟岸气象。几年后，当我有幸亲密接触了一件事关汉家秘史的器物后，我的心绪竟然也思接千载，遥想了一回汉家的故事。

这件器物现陈列在颐和园的玉澜堂里。30多年前，我参加工作，来到颐和园里学习小器作，有一次师傅教我修理一对用大竹子制作的竹几，这对竹几平面呈海棠花式，正面刻满了隶书文字，背面阴刻着不同造型的青铜器图案及铭文。竹几修整后，师傅让我用毛笔蘸上石绿将竹几正面的文字和背后的图案铭文一笔一笔地填满。在填色的工序中，我一边用毛笔上色，一边仔细阅读竹几正面铭刻的文字内容：

“余于光绪辛巳年承乏广西提刑使，次年，徐公晓山来寻宣是邦，偶谈及思陵土州出有竹，大者可为水瓮，诚大莫与京矣。晓山前官太平府时缴办土匪曾亲至其地，目睹是竹，竹之有也，良信。连累复举一思陵故事，思陵土官韦姓，为西汉淮阴侯嫡派。淮阴见诛后，萧何不忍灭其祀，匿幼子函送南越王赵佗收养。佗念淮阴功封于思陵，当日，南越王所颁铁券敕书并萧何至佗书原稿均尚存。今土官家询何姓韦？答以避难故去半边为姓。淮阴在汉，勋劳彪炳，史册谋叛事持莫须有。乃历两千余年血食不绝于炎荒蛮徼之区，未……”

这段文字共204个字，书写在两个式样、尺寸相同的竹几上面，由于竹几数量残缺，我不知剩余的文字写了什么内容，但其铭刻的西汉秘闻足以让人感到有些惊异和神奇。

首先让我们来解读一下谁是这篇文章的作者？

作者在竹几文章开始就写到“余于光绪辛巳年承乏广西提刑使。”查阅史料得知，光绪辛巳年是公元1881年，当年上任提刑使的官员名叫国英，从名字分析应该是位满族官员。国英在1881年承乏广西提刑使，“承乏”是暂时补缺的意思。第二年，时任广西布政使的徐晓山来到广西巡查，两人见面后，徐晓山告诉国英说，广西有一个叫做思陵的地方，其地出产大竹子，最大的竹子可以制成水瓮，徐晓山过去在广西太平府剿灭土匪时曾亲眼见到过“诚大莫与京矣”的大竹子。

徐晓山在叙述往事的时候偶然说到了一个有关西汉开国功臣韩信的历史故事：思陵土州这个地方的官吏姓韦，原是西汉淮阴侯韩信的后代，当年刘邦以莫须有的罪名诛杀韩信后，萧何“不忍灭其祀”，暗地里将韩信最小的儿子藏匿起来，然后派密使翻山越岭送给曾经在广西称王的赵佗收养。赵佗为了念及“韩信封功于思陵”，便同意收养韩信的幼子。为了保守秘密，避免刘邦的追杀，遂将韩字一劈两半，取右边的韦字为姓，从此韩信的血脉就在偏僻荒蛮的南国繁衍生存下来。

徐晓山当日在思陵不仅耳闻目睹了韦姓历史的来龙去脉，而且还亲眼看到了南越王赵佗为保护韩信的后人铸造的敕书铁券以及萧何写给赵佗书信的原稿。徐晓山名延续，字晓山，是山东临清人，咸丰十年进士，出知广西容县，后官拜广西巡抚，是清末著名的文臣武将，担任过抗法援越的指挥官。文中述及的“敕书铁券并萧何至佗书原稿”两件信物证明韩信后人避难求生的故事真实可信，所以国英便以徐晓山所闻所见为蓝本，就地取材用思陵的大竹制作成竹几，不远千里运到京城呈送给慈禧太后和光绪皇帝赏

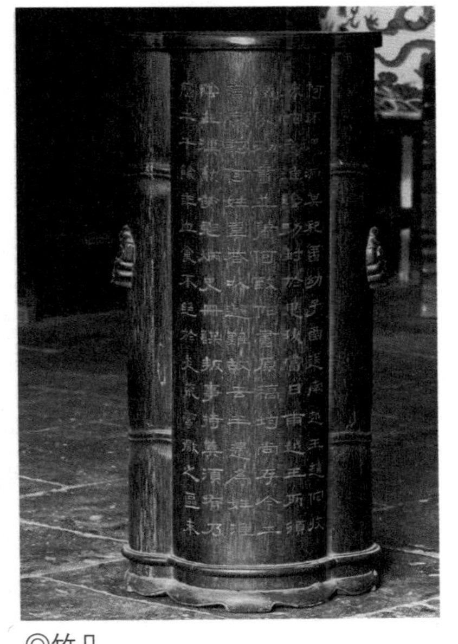

◎竹几

玩，使这段历史上鲜为人知的秘闻公之于庙堂之上。因此说，国英既是文章的作者，也是这件器物的制作者。

至于竹儿进贡的年代我认为有两种可能，一种可能是1881～1883年之间，因为国英只在广西做了三年的提刑使，竹儿很有可能是国英提刑使任上所作所为。

另外一种可能是国英离开广西后专为光绪皇帝或者是慈禧太后过生日时制作的寿礼。这对竹儿高82厘米，平面长37厘米，宽32.3厘米，竹儿平面用竹子作芯，边框选用硬木（花梨木），竹木之间缝隙较大稍显粗糙。从竹儿的材质和制作工艺分析，应该是当地的工匠所为，不可能是清宫造办处的产物。

从已知竹儿的文字内容及家具制作的基本规律分析，我认为还应该有两只竹儿与之相应，成为完整的配套组合，不可能出现单数，也不大可能是8只竹儿系列组合。因为8只成套，不仅会让人感觉文章冗长，同时也不便于陈列和观赏。

那么，缺失的那两只竹儿是否还流传于世？如果它们还保存完好又身在何处？后面的文字还有哪些让人感兴趣的信息？思陵现在广西的何处？当地真有像水瓮一样大的竹子吗？2000年后，那里还有姓韦的韩信后代吗？带着这许多的疑问，我们千里驱车梯航山海，从北京一路开到了广西的思陵。

在去思陵的路上，我们还顺便探访并拍摄了竹儿上提到的太平府。太平府现在位于广西的崇左市，当年有城楼城墙，听当地老人讲，太平府城墙环城十里，深入江中，前后临江，非常险峻，百年沧桑变化，如今楼破城荒已非当年景象，只有几段残破的石砌城墙曲折蜿蜒伫立在原址上，如果不是石头墙中镶嵌的文物保护标志，很难想到这里就是徐晓山文中所说的太平府。我们拍摄城墙时，见有村民竟然在城墙上面开荒种菜，挥锄浇水，真让人不禁感慨万千。

为了理清韦姓家族的历史传承，我们又开车来到宁明县档案馆查阅并翻拍了韦姓家谱，随后驾车赶往思陵村。一路上，一丛丛茂盛的绿竹透过车窗从四面八方映入我们的眼帘，我不停地向车外张望，想看一看思陵是否还生长着像水瓮大小的竹子，但直到快进村时，才发现路边的竹子明显粗壮了起来，其中个别的竹干已经和竹儿上用的竹子粗细相差无几了。

思陵地属宁明县管辖，相距县城50千米，是一个很小的村子。村周围群山环抱，草木葱郁，远远望去只有个别屋顶闪现在绿茵之中，若不是导航仪指示，快进村了都很难发现这个坐落在绿竹掩映下的小村子，它是如此的隐蔽和安宁，仿佛身处另一个世界。

车刚进入村口，我们就摇下车窗询问见到的几位村民，“这是思陵村吗？”“你们姓什么？”当他们回答“是思陵村”“我们姓韦”时，我的内心一下子兴奋和激动了起来。

我们连忙下了车，拿起相机走进思陵村，一边拍摄，一边和村民聊了起来。

在与村民的交谈中，我得知这里就是竹儿上所说的思陵土州的所在地，村里多半人都姓韦。他们都说祖先姓韩，为了躲避仇人追杀迫害，才去掉韩字半边改为韦姓。当问及过去是否听过或见过铁卷和萧何的书信等有关韩信的故事时，他们都一一摇头表示不知道。

在一群上了年纪的老人堆里，我找到了思陵土州最后一任官员的后人，老人已经70多岁了，他告诉我说，历史上的思陵土州很气派，人口多达上千人。韦氏家族在村子里曾建造过一个很大的祠堂，每逢家族遇有大事都由族长召集族人到祠堂内商议处置。

“祠堂内挂着祖先的画像，大门上面挂着金字大匾。”“都没了，早拆了。”老人一边说，一边摇头，脸上露出无奈和茫然的表情。当问及老人家里还有无祖先留下的器物或是竹子做的物品时，老人从屋里翻出了一个黄铜手炉，放在门口，微笑着让我们取景拍摄……

从老人家里出来，沿着旧石条铺砌的老路在村里转了几个来回，发现村里无论是摇摇欲坠的老屋，还是才建不久的新房，几乎每家门前两侧，都摆放着一对或大或小的石柱础或是石雕狮子，村里的干部说，“老房子拆掉后，只有这些石雕留了下来，每家分两个，留个纪念。”

“村里有大竹子吗？”我问他。“有，在那边。”他边回答边用手指给我看。

在村子的西边有一片小荷塘，深秋的时节水面漂着枯萎的荷叶，荷塘的西岸长着一丛很大的竹子，但和竹儿比，竹径还是显得有些小。

这时，有一位村民说，他家房屋的后面，有很大的竹子。

原来，他家屋后是一条湍急的河流，河边长着一丛一丛的高大绿竹，其中离他家最近的一丛绿竹长的又粗又大，甚是特别，和竹儿的直径相差无几。

主人告诉我们说，当地人把这种竹子叫做大竹，也叫大南竹。其竹笋刚从地下冒出来就特别大，一年就能长成近30厘米粗，十几米高。

主人还说，过去河边、山上长着许多大南竹，现在已经越来越少了。

我们非常兴奋地围着这丛大南竹上下左右拍了一个多钟头，临走时，又请主人锯了两节放在了车上。

这次广西之行，我们并没有奢求能像徐晓山那样亲眼目睹萧何的书信和赵佗的敕书铁券，只要有大南竹垫底，也就不虚此行了。

但我还是有些遗憾，因为土官后人说，就在十几年前，他还经常坐在韦氏祠堂里，亲手抚摸那些用当地竹木制作的家具；仔细品味那些传承有序的文物字画；把玩那些地下出土的铜器、玉器，和老人们围坐在一起，听他们讲述思陵村过去的故事……

文 /姚天新

（《景观》杂志编辑部主任）

窑台趣谈

家住北京南城的人，大多知道陶然亭公园内的窑台，是南城重要的历史名胜。现今所谓的南城，大概指的是金中都城，亦即汉唐以来的幽州城。

窑台历史源远流长

窑台是一座天然土岗，高约十几米，自东向西绵延百余米，一直到西湖岸边。古时，由于窑台附近地势低洼，故窑台成为登高眺望之所，因此也有不少名人墨客将窑台写为“瑶台”，用以提高窑台的档次。

窑台有着悠久的历史，据《析津志》记载：“昆吾公庙，在南城宣曜门外，官窑厂南，乃古之窑冶置物之初也。”昆吾公即窑神。

窑台又叫黑窑厂。明永乐年间，统治者为营建北京，在北京设“琉璃、黑窑厂，皆造砖瓦，以供营缮”（《明史·食货志》六），“黑窑厂”指的就是窑台一带的窑厂，窑台是此厂重要的组成部分。明朝后期，窑台上还建有高大的窑神庙，使得窑台更加引人注目。

明永乐初年，统治者为了修建北京的宫殿和城垣庙坛，在北京设立了五大窑厂，它们分别是方砖厂、细瓦厂、亮瓦厂、琉璃厂和黑窑厂。方砖厂又分为南、北二厂，南厂在南京的紫金山，制造澄浆方砖，即老百姓所说的“金砖”；北厂在地安门鼓楼，制造普通的方砖。细瓦厂在和平门内，即现在的前后细瓦厂胡同一带。而琉璃厂是专门烧制琉璃砖瓦构件的窑厂，位于和平门外，至今仍叫琉璃厂大街，只不过窑厂已不在，而成为中外驰名的文化街了。亮瓦厂是专门烧制澄浆筒瓦等建筑构件的窑厂。而黑窑厂当时只烧制一些平常的板瓦及大小开条砖。为了避免与其他各厂相互混淆，因此取名黑窑厂，以有别于琉璃厂及亮瓦厂。

清朝初年，五大窑厂依旧烧制各式建筑构件，直到康熙三十三年（1694年），这几大窑厂有的被裁撤，有的被废弃，也有的改变管理体制，移交窑户私人经营，黑窑厂就是在此时由官窑转为私窑的。康熙三十四年（1695年），工部郎中江藻修建故宫太和殿，坐镇黑窑厂，并在慈悲庵内修建了著名的陶然亭。

窑台的历史可以追溯到距今已有一千多年的唐代。1952年，陶然亭公园建园之初，就在施工中发现了一个辽、金时期的窑，此窑约一丈多长，里面还有草木灰，四周的土都已被烧成了红色。窑台山下又发现了一块巨大的窑炼，经首都博物馆原馆长、文物专家赵其昌老先生鉴定，是唐代窑炼，现陈列在窑台小院内。1984年，重修窑台茶馆时，又发现其建筑下有一古窑，初步认定为唐代遗址。

窑台茶馆与“雨来散”

常来陶然亭公园游玩的游人，很喜欢到窑台山上的茶馆泡一杯浓茶、下几盘棋或者听听专业或业余的京剧爱好者唱上几句《长坂坡》《空城计》。

其实窑台山上的茶馆本不是茶馆，而是道家在山上建的一座“真武殿”。清乾隆年间，窑台产权划归慈悲庵。庵内寺僧发现，南横街上的火神庙（此庙系窑厂官吏为烧砖瓦敬火神而建）与窑台山上的昆吾公庙（即窑神庙）和众僧修炼之所慈悲庵在一条直线上，这在风水上是不祥之兆，日后慈悲庵要遭受火灾，要请水神驱火，于是就在窑台山上昆吾庙旁，为北方水神“真武”建造了三间殿房，取名“真武殿”，以压住火灾，保慈悲庵平安。日久天长，管理真武殿的“火工道人”在真武殿旁开设茶馆，搞起了副业。晚清之时，清朝的一些宗室贵族也时常光顾窑台茶馆。奇怪的是，这些人来时蓬头垢面，走时却精心梳洗打扮，恢复了其贵族的本来面目。

窑台也曾是不少梨园子弟练声唱戏的地方。新中国成立前，富连成戏班子弟常汇集于此，品茗喊嗓，引来众多票友，张君秋老先生那时也常来窑台吊嗓，因此至今窑台京剧票友甚多，据说水平亦非常高。

窑台作为登眺之地始于清初，原来在窑台周围有许多大大小小的土山，土质良好，由于从唐开始即在此处烧窑，因此窑台北面的土山全部挖成了平地，而南面因修筑外城，被挖成许多池沼和窑坑。陶然亭四周的湖泊就是这样形成的。由于窑台茶馆异常火爆，引得周围老百姓纷纷效仿，一时间湖泊周围，大柳树下，借着树荫下的阴凉，一批批临时茶座开张了，他们管自己的茶摊叫“雨来散”茶馆，天晴时乘凉畅饮，而一旦下起雨来，连茶客带卖茶的一股脑儿全跑了，因此落了个“雨来散”之名。

窑台历史上的盛与衰

从清初至道光年间，窑台一带非常兴隆。当时除去南城的人建房要来窑台购砖外，远在长辛店的客户都赶着驴车来窑台拉砖。现在的宣武区龙爪魂胡同和陶然亭路是客户拉砖的必经之路，也是当时大车、驴骡、骆驼队以及肩挑手贩们打尖、喝茶、吃饭的地方。酒店、茶馆、饭铺的生意一时兴隆非凡。每年春、夏、秋三季，又有不少名流、诗人、考古家、贵族遗老遗少们选择窑台登眺，寻找位于窑台西南的古刹龙树寺古迹。龙树寺是去黑窑厂的必经之地，因与众多的诗家和历史名人的联系，而有了较为丰富的历史文化内涵。该寺自清初重修至道光年间，日趋鼎盛，成为当时名流无不涉足的胜迹。但后来随着慈悲庵、陶然亭的兴起，一批文人墨客转向陶然亭——这个更高雅之地，窑台才渐渐没落下来，至新中国成立前已残破不堪了。新中国成立后，公园多次对窑台进行了整修，使窑台又重放异彩，那是后话了。

文 /伦永立、张青

（原陶然亭公园园长、陶然亭公园副园长）

西山碉楼之谜

到北京植物园游玩的人们，会发现在曹雪芹纪念馆后面有一泓清池，围绕着湖水，几座虎皮石砌成的石碉楼，在植物园绿树红花、青山碧水的陪衬下显得别具特色，站在碉楼下上望，在蓝天映衬下，碉楼显得分外挺拔。

不时有游客问道：这些石碉楼是谁建造的呢？为什么要建造这些建筑，其中是否具有某些特定的目的和意义？

事情必须追溯到250多年前的清代。追溯到大清帝国与四川金川土著的那场战争。

金川之役与“梯子楼”

大小金川，是大渡河上游的两个支流，位于四川的西北部，因沿河诸山含有金矿而得名，为藏族聚集地区，其地“万山丛矗，中绕汹溪，皮船笮桥，曲折一线”，形势险峻，交通不便，居民皆居住于石屋之中。

雍正元年（1723年），金川贵族莎罗奔跟随清军入藏平叛，因功被清政府封为大金川土司,随着莎罗奔势力的扩展，他开始不断向外扩张，侵犯周边土司。乾隆十一年（1746年），莎罗奔欲图吞并小金川，劫持小金川土司泽旺，夺其印信，在清四川总督的干涉下，莎罗奔才被迫将泽旺放回。次年（1747年），莎罗奔再次发兵攻掠邻近的革布什扎、明正两土司，四川巡抚纪山派军进行弹压，反为莎罗奔击败。

清政府闻知前线消息后，命“征苗有功”的云贵总督张广泗统兵进剿。金川军依靠高峻危险的山势和坚固的石碉，顽强抵抗，致使清军损失惨重、久攻不下。

◎碉楼

乾隆震怒，一面更换前线将领，诛杀张广泗，派大学士傅恒为经略，前往四川督军；一面于西山之麓建造了第一批石碉，并“命八旗于前锋护军内，选择年壮人才勇健者千人，特命大臣监视操演”。待练成后，派往前线，参与攻碉任务。虽然“所选兵丁，各奋勉学习，不数月间，皆已精炼。”然而，因傅恒起用了老将岳钟琪，诛杀金川间谍，前线战情为之一转，在清军的压力下，莎罗奔力屈道穷，投降。

虽然精心练就的军队当时并未派上用场，但为练兵建造的石碉楼却矗立在西山，记载着云梯兵的建立和训练历史，这些碉楼是香山地区最早的一批石碉楼。

健锐营的建立和石碉楼的大规模兴建

金川之役的体面收场，是乾隆皇帝所没有想到的。清政府在金川用兵两年，劳师糜饷，诛杀大臣讷亲、张广泗，革大将哈元生、董芳，如同狮子搏兔，用尽了全部力量，却不能取得成功。在这种情况下，乾隆实在不想把战争继续下去了，下令命傅恒撤兵，谕旨中说:“金川用兵，本欲禁遏凶暴，绥辑穷番，并非利其人民土地。……朕思蕞尔穷番，何足当我王师？经略大学士傅恒乃中朝第一宣力大臣，顾因荒徼小丑，久稽于外，即使擒渠扫穴，亦不足以偿其劳！”焦急无奈之情尽显。傅恒认为金川旦夕可平，请令继续进兵，乾隆不肯应允，赐诗给傅恒，中有“壮志何须学贰师”“速归黄阁赞元功”之句。

此时，前线传来胜利战报，乾隆帝非常高兴，命令仿照皇太极大破明军洪承畴后，在盛京（今沈阳市）建实胜寺记功的先例，在西山建造实胜寺纪念此次战争的胜利。距实胜寺不远处有一村落，名为“番子营”，居民即是当年从金川俘获而来的藏人后裔，他们在这里共生活了两个半世纪，现在都已迁到门头沟去了。

随着金川之役的胜利结束，乾隆皇帝组建香山云梯兵的使命即已完结，但乾隆皇帝不愿解散这支千辛万苦练成的军队，他顾虑“如令（云梯兵）仍回本营，随旗行走，则伊等前功徒费”。为了保护这支队伍，乾隆决定“将伊等专设一营演习技艺，均可为精锐兵丁，而于缓急之用更有裨益。”命将云梯兵特别编为一营，也就是健锐营，设大臣一名总统。

乾隆帝圣谕下达后，工部即着手为健锐营修建营房。为了演练军队的方便，同时，为纪念第一次金川之役胜利，工部还在营房附近修建了大量的石碉楼，总计“营房三千五百三十二楹，碉楼六十八所”。经过此次大规模建设，香山地区才正式出现了大量的石碉楼。

健锐营碉楼知多少

健锐营分为八旗编制，分左右翼，“左翼在东，右翼在西”。各旗分布及所在旗碉楼数量如下：

> “静宜园东四旗健锐云梯营房之制：镶黄旗在佟峪村西，碉楼九座；正白旗在公车府西，碉楼九座；镶白旗在小府西，碉楼七座；正蓝旗在道府西，碉楼七座。”
>
> “静宜园西四旗健锐云梯营房之制：正黄旗在永安村西，碉楼九座；正红旗在梵香寺东，碉楼七座；镶红旗在宝相寺南，碉楼七座；镶蓝旗在镶红旗南，碉楼七座。”

按以上记载，东西两翼健锐营八旗共建有石碉楼六十二座，加上静宜园南楼门外，“八旗印房四隅皆有碉楼一座”，香山碉楼共计六十六座，然而，《日下旧闻考》卷七十三载“碉楼六十八所”，卷一百零二则记载，八旗印房四隅碉楼，“合之东四旗、西四旗各营碉楼，共计六十有七”。亦有出入。一书之内竟有三种说法，孰是孰非，一时难以断定。

查阅清代国家政书的《清会典事例》，有关碉楼形制的记载如下：

> “左翼建四层碉楼十四座，三层碉楼十八座；右翼建五层碉楼二座，四层碉楼十座，三层碉楼二十四座。”

总数为六十八座。

再查《光绪顺天府志》，其《兵制·健锐营》记载：

“左翼建四层碉楼十四座，三层碉楼十八座；右翼建五层碉楼二座，四层碉楼十座，三层碉楼二十四座。”

各种形制碉楼共计六十八座，按照以上两则史料记载，结合《日下旧闻考》卷七十三，似乎可以断定，香山地区健锐营碉楼共六十八座，《日下旧闻考》卷一百零一记载六十六座没有记载正黄旗两座五层碉楼，六十七座则不知为何。

我们知道，清代正黄、镶黄、正白三旗为上三旗，地位最高，享受待遇也比其他的下五旗更为丰厚，而下五旗地位相差不多。按照这种情况健锐营八旗六十八座碉楼的分布是怎样的呢？笔者通过计算，对其分布进行了排列，如下：

右翼（西四旗）				左翼（东四旗）				八旗印房		
镶黄旗	正白旗	镶蓝旗	正蓝旗	正黄旗	正红旗	镶红旗	镶蓝旗		4	
9	9	7	7	9	7	7	7			
				2				五层		
4	4	3	3	1	3	3	3	四层		形
5	5	4	4	8	4	4	4	三层		制
三、四层共计：（9×3）+（7×5）+4=66+五层2=68										共计

上表为笔者经计算列出，可能与实际情况有所出入。实际情况如何，应到各旗实地调查方可确认，但岁月已久，碉楼毁坏者甚多，恐亦不容易。

关于香山碉楼数量及分布还有一种说法，认为健锐营八旗每旗建造八座石碉，共六十四座，加上八旗印房四隅的四座，八旗共建石碉楼六十八座。各旗碉楼相传依照“七死八活”的规制进行建造的，也就是说每旗八座石碉当中，七座石碉楼为“死碉楼”，内部实心，无法从石碉的内部攀上碉楼顶端，一座碉楼是空心楼，可从内部沿楼梯登上碉楼顶部，称为“活碉楼”。香山地区活碉楼的分布大体为正白旗活碉楼建在金山右环山上，可从内部攀登的碉楼，除正白旗的活碉楼外，右翼四旗四个活碉楼建于西山东麓，左翼三旗的活碉楼建在金山南坡。该说还认为“七死八活”的成语即是从香山碉楼的建造形式而来，此说为舒成勋口述、胡德平整理《曹雪芹在西山》一书所主张，但与正史记载相悖，恐不可信，姑存此一说。

镇风水的石碉楼

香山碉楼在民间流传中，有皇帝镇压风水的深意。风水之学在我国有着悠久的历史，清代皇帝对其也是深信不疑，不论是修建陵寝，还是建造宫殿，都要充分考虑通晓风水人士的意见。根据民间传说，在健锐营碉楼的建造位置上，清朝统治者就煞费苦心，对碉楼的镇风水作用进行了充分的考虑。《曹雪芹在西山》记载说：正黄旗防地的马鞍山形貌非常特别，如果站在香山360路公共汽车站南向视之，活像一只向东缓缓爬动的乌龟。在这形似乌龟之山的脚下，原有一座坟茔，风水先生认为此墓所在之地风水极佳，如此龟爬入清漪园中入湖，必成气候，对清朝统治形成威胁，甚至颠覆清王朝统治。为了防止此情况的发生，乾隆下令在马鞍山处修建三个碉楼，用来镇压此龟。一个建在最高的山脊之上，这个石堡最大，与一般石碉堡相比，要大出一倍，俗称“黑碉楼”；第二个建在形似乌龟脖根的地方，俗称“白碉楼”；第三个建在山脚下，意味着碉楼压住乌龟的头。为了确保万一，在第三个石堡的前面还修了一座石门，并在南北两侧形似龟眼的部位，栽种两棵龙爪槐，表示以槐树抓刺灵龟的双眼。

金山西端折南稍微靠东的地方，其山端看上去如一条面向东南的鲶鱼头，乾隆皇帝认为鲶鱼的位置和方向，正对着清漪园中的昆明湖，似有饮尽昆明湖水方休的态势，因此在山端形似鱼额顶的地方修建了一座石碉，以防鲶鱼兴风作浪，危及皇家御园的用水。在曹雪芹的研究中，有一首诗经常被研究者引用，即曹公生前好友敦敏所作《西郊同人游眺兼有所吊》，全诗如下：

秋色召人上古墩，西风瑟瑟敞平原。
遥山千叠白云径，清磬一声黄叶村。
野水渔航闻弄笛，竹篱茅肆座开樽。
小园忍泪重回首，斜日荒烟冷墓门。

根据诗中描写，敦敏等人游览的地方应为北京西郊香山一带，其“古墩”一词，各家理解不同，有一种说法认为，此处“古墩”即指石碉楼，之所以用古字是古人写诗用词的讲究。不管此说能否成立，但想来居住于此的曹公，应不止一次到过或者凝望过这些石碉楼。

时光悠悠，转瞬时间已经过去了250多年，乾隆时代建造的碉楼在风雨无情的侵蚀下，多数已经毁坏了，留下的已经为数不多，它们曾经记载了那段历史，现在则见证着这个发生着日新月异变化的社会。

文 /樊志斌
（北京植物园曹雪芹纪念馆馆员）

乾隆与花甲门、古稀门

俗语道，“六十花甲子，七十古来稀”。花甲、古稀，是民间对人们到了特定年龄的俗称，而在天坛，却有两座以此命名的门——花甲门和古稀门。花甲门位于丹陛桥北端的西侧，古稀门位于皇乾殿的西墙，它们均为歇山顶，施以琉璃彩绘，这两座门无论在形制上还是称谓上都比不上坛内其他的门类建筑气派和讲究，但是它们却都是奉乾隆皇帝钦命所建，那么乾隆皇帝为什么会在天坛增设这样的建筑，这两座门又有什么特殊的用途呢？看完以下的故事，您或许可以找到答案。

在清朝，皇帝祭天典仪相当隆重和繁琐：在天坛举行祈谷大典的前一天，皇帝要从紫禁城出发，由大驾卤簿御送，乘玉辇进入天坛祈谷坛门（今天坛西门），经西天门走林间大道行至丹陛桥西侧降辇，然后步行至祈谷坛南砖门，经过祈年门至皇乾殿行拈香礼，然后视牲看牲，阅视坛位、笾豆，所有礼仪行过之后，皇帝出西砖门，宿天坛斋宫，虔心静气等待祭祀时刻；祭祀当日，皇帝还要从斋宫出发，乘坐礼舆到达丹陛桥南端西侧，然后步行至祭坛行礼。丹陛桥长达360米，皇帝需一路走来再至坛上行礼。整个过程需要投入不少的精力和体力，若皇帝

◎花甲门

◎古稀门

正值青壮年，尚无大碍，但若年事已高，就会颇感疲惫。

众所周知，乾隆皇帝不仅是历代封建帝王执政时间很长的一位，也是岁数最大的一位，卒年89岁，在位60年，所以他亲临天坛祭祀的次数也最多。随着年龄的增长，乾隆皇帝的身体逐渐不能适应繁琐的祭天仪式。当乾隆三十七年（1772年）祭祀行礼时，乾隆皇帝已过了花甲之年（62岁），越发地感到体力不支。乾隆帝根据大臣们的上书准备更改繁琐的祭祀仪程，下令大臣们进行商议，要求对降辇地点、步行远近等一些无关大体的礼节做出酌定，最后大臣们的商议结果是在祈谷坛的南砖门外新增一门。祭礼之日，皇帝就不必从丹陛桥上走过，而是直接从此门进入，然后过祈谷坛南砖门至坛内行礼，此门因此而被称作"花甲门"，奏请很快被乾隆皇帝批准。从此，乾隆皇帝祭祀时步履的辛劳得以减轻。

但古稀之年接踵而至，相同的问题又再次出现。乾隆四十六年（1781年）71岁高龄的乾隆皇帝再次降旨，命另择诣坛瞻拜日降辇处，以缓解自己步履之困，后在皇乾殿西墙外新设一门，乾隆帝亲作诗文记其事："降辇西门省步趋，垣中步弗藉人扶。古稀天子蒙天佑，顾我儿孙视此乎。"此门即被称作"古稀门"。在修建这两座门的同时，乾隆皇帝也谕告后世子孙，"若未满六旬者，不得路经此门"，古稀门更是"有寿登古稀者，方可出入此门"。

看到这儿，您或许已经明白了，花甲门与古稀门都是为了减轻乾隆皇帝祭祀时的步履之累所修建的。然而以后的清代帝王却都没有乾隆长寿，除乾隆皇帝以外，仅有嘉庆一人走过花甲门，古稀门则无人有幸通过，这也许是乾隆皇帝修建之初所没有料到的。

文 /张晶晶
（天坛公园文研室主任）

昆明湖畔藏玄机

昆明池本是皇家林苑“上林苑”的一部分，湖光山色优美。汉代以后，隋唐年间仍是关中胜景，唐代大诗人杜甫观昆明池后曾吟诗赞叹：

昆明池水汉时功，
织女机丝虚月夜。
武帝旌旗在眼中，
石鲸鳞甲动秋风。

“牛郎织女”的传说是我国古代四大神话故事之一。大约成书于公元前11世纪，西周的《诗经·小雅·大东》中有：“维天有汉，监亦有光。跂彼织女，终日七襄。虽则七襄，不成报章。睆彼牵牛，不以服藕。”这是这个神话故事最早的文字记载。此后，有关牛郎织女的神话故事又多有演绎。比如，将牛郎星两侧各有一颗较暗的星分别称为河鼓一和河鼓三，牛郎星则称河鼓二。由于三星的形状颇似一根长长的扁担，所以民间又将“河鼓三星”称为“扁担星”。传说牛郎（河鼓二）在扁担的中间，两头挑着他的两个儿子河鼓一和河鼓三，一直在追赶织女。汉武帝凿成昆明池，模拟天象东牵牛、西织女的格局在昆明池东西两岸雕刻出精细古朴的两尊巨型石刻雕像，为戈矛林立的水上演兵场平添了几多浪漫风采。这也是我国最早的皇家古典园林雕塑。

到了宋代，池水干涸湮为田地，但是用火成岩雕刻的两尊石像却留存了下来。“牛郎”在今斗门镇，身高258厘米，面部五官端庄清秀。头上短发，发丝缕缕可辨，宽肩硕颔，身着交襟式上衣，腰间束带，俨然一副大丈夫姿态。“织女”在今常在庄村北，身着右衽交襟式长衣，双手垂腹前，上身挺直，作踞坐状。左臂、后臂风化剥蚀严重，头部发辫后垂，面庞丰腴。两像相对而立，相距约10里。对于这对2100多岁的“高龄夫妻”，当地人不再以“郎”“女”相呼，尊称为“石爷”“石婆”，建庙供奉。每逢农历七月七，庙会上人头攒动，青年男子为自己“乞聪”，女子为自己“乞巧”，并“乞美满婚姻”，庆贺“石爷”“石婆”鹊桥相会。

清朝时期，如果照搬昆明池模式，在颐和园昆明湖东西两岸分别建“牛郎织女”雕像，无疑会与金碧辉煌且充满皇家气派的清漪园极不相称。因此，乾隆皇帝采取了寓意于景、藏而不露的大写意手法，巧妙地再现《汉书》记载的汉武帝在昆明池“左牵牛右织女”的布局，将西安斗门镇和常在庄“牛郎织女”的形象“移植”到昆明湖畔，这就是东岸铸“铜牛”，西岸玉河北面立“耕织图”碑的本意所在。

“耕织图”碑高1.5米，宽1米，厚0.7米，安放于0.6米高的长形青石座上。碑正面“耕织图”三个乾隆御笔劲道大字和“乾隆御笔”方形钤印清晰可辨，四面是刻满诗文的小字，因经历了230多年风雨剥蚀，字迹难辨。细看几处落款的年号可知，乾隆3首诗分别是3个年号，但落款的季节却相同，即：“仲夏上”。说明乾隆帝于农历六月十日左右最少来过3次。乾隆年间，昆明湖周围并无高墙，视野开阔，乾隆看见湖畔开辟的外湖和稻田，稻花飘香，莲花盛开，甚感欣慰，即兴作诗刻石以志。乾隆十八年（1753年）的题诗：“玉带桥边耕织图，织云耕雨有东吴。”

昆明湖边“铜牛”背上的“金牛铭”，是铸造“铜牛”的“说明书”，其要点为：“铜牛”意义在于“安澜”。另据吴振棫所撰的《养吉斋丛录》中记载：“……玉河北立石，镌耕织图三字。又……湖东铜牛一，乾隆乙亥铸，寓汉书石刻牵牛织女之意。”

从古籍记载来看，乾隆以“铜牛”和“石碑”来替代“牛郎织女”是毫无疑问的。其立意之巧，寓意之深，堪称绝妙。

如果说昆明湖畔的“铜牛”和“耕织图”代表着天上的星宿，那么昆明湖也就成了天上的“银河”。倘若从天空俯瞰，我们就会发现：“银河”与昆明湖主河道，天牛星座与“铜牛”，织女星座与“耕织图”在方向位置上是基本一致的。这或许正是当年建园时观天察地的复原，绝非是无心的巧合吧？

◎昆明湖畔

把昆明湖表现为“天河”，是用来烘托“天子”皇帝的。因为天上有至高无上的玉皇大帝，人间有主宰一切的皇帝。站在高高的排云殿，“天河”就在眼下，皇帝借此来把自己比作玉皇大帝。

查阅一些史料可以发现，帝王园林的这一设想早已有之。秦始皇、汉高祖建阿房宫、未央宫都曾把渭水比作“天河”，特意将它安排在朝宫与林苑之间。

其实，从科学上说，牵牛星和织女星离我们远着呐！牛郎星离地球是16光年，织女星离地球是27光年。它们之间的距离是16光年，即使乘坐最快的火箭，几百年后也无法相会。而且，牛郎星表面温度达8000℃，织女星更是高达11000℃。论个头大小，织女星也比牛郎星大，织女星的直径是太阳的3倍，牛郎星的直径是太阳的1.6倍。所以，神话与现实是两回事。

文 /李夏

（本文摘自《北京晚报》）

团城的雨水到哪儿去了

——中国古代集水技术

团城位于北海公园南门西侧，高于地面4.6米，占地面积5760平方米。每年可从天然降水中（雨雪）得到大约3427立方米的水量。但是无论是下大雨还是中雨，您在城里既看不到排水沟，沿着城墙边也看不到泄水石槽，更奇怪的是，城里的地面上也很少见到积水，这些水到哪里去了呢？秘密就在地面铺设的青砖和地下用青砖建成的涵洞上。

青砖的年龄最老的已经590多岁了，它们的模样也很特别，是上大下小的倒梯形砖，铺设时大头在上小头在下，砖与砖之间留有缝隙，形成了上大下小的三角形缝隙。这一条条的缝隙组成了一个巨大的地下“网络”，雨水能够很快通过“网络”渗入地下。同时古青砖具有很高的吸水性，根据北京市水利科学研究所的测定，青砖所吸收水的重量可达其本身重量的18.8%，每一块砖就像一个微型水库，一般的降雨，通过这些微型水库和“网络”便能很快地进入地下。

◎团成流水井

如果遇到大雨或者连续降雨，地面的砖及它的下层土壤都吸足了水，多余的水便会通过石头制成的水眼进入地下。团城共有十一个这样的水眼，并且，每一个水眼的下部都有涵洞相连通。涵洞的高度在80～150厘米之间，是用青砖建成的，除了形状与地面的梯形砖不同外，它同样具有较强的吸水性。多余的水到了涵洞以后，可以沿着下、左、右三个方向继续向更深的土壤渗透。还有一部分水便沿着这个涵洞向前，通过竖井直接排到地下，因此团城上的水通过不同的途径全都回到了土壤中。

通过涵洞的平面位置图，您可以看出涵洞的分布既不对称也无规律，因此，它除了有渗排水的功能外，同时还兼有这样几个功能：遇到大雨或者连续降雨时，可加快降低树根附近的水位，使土壤中的水分适宜树木生长；涵洞与水眼组成了一个与大气相通的地下通风系统，满足树木根系所需的透气要求，为城内的植物生长提供了良好的水分及通气条件。

城内现有百年以上的古树38株，尤以金代种植的白皮松和油松闻名，它们至今仍枝繁叶茂，生长健壮。在已有的资料中，关于城里的古建文物的宣传及古树的传说和故事很多，却没有前人为树木生长环境做出介绍。

目前有关部门正在对团城的渗、排水系统进行深入的研究。您看了我们的介绍之后，是否会为我们先人所具有的利用雨水的意识和技术而感叹呢？

文 ／王静

（《景观》杂志通讯员）

园林文化与管理丛书

漫话古城

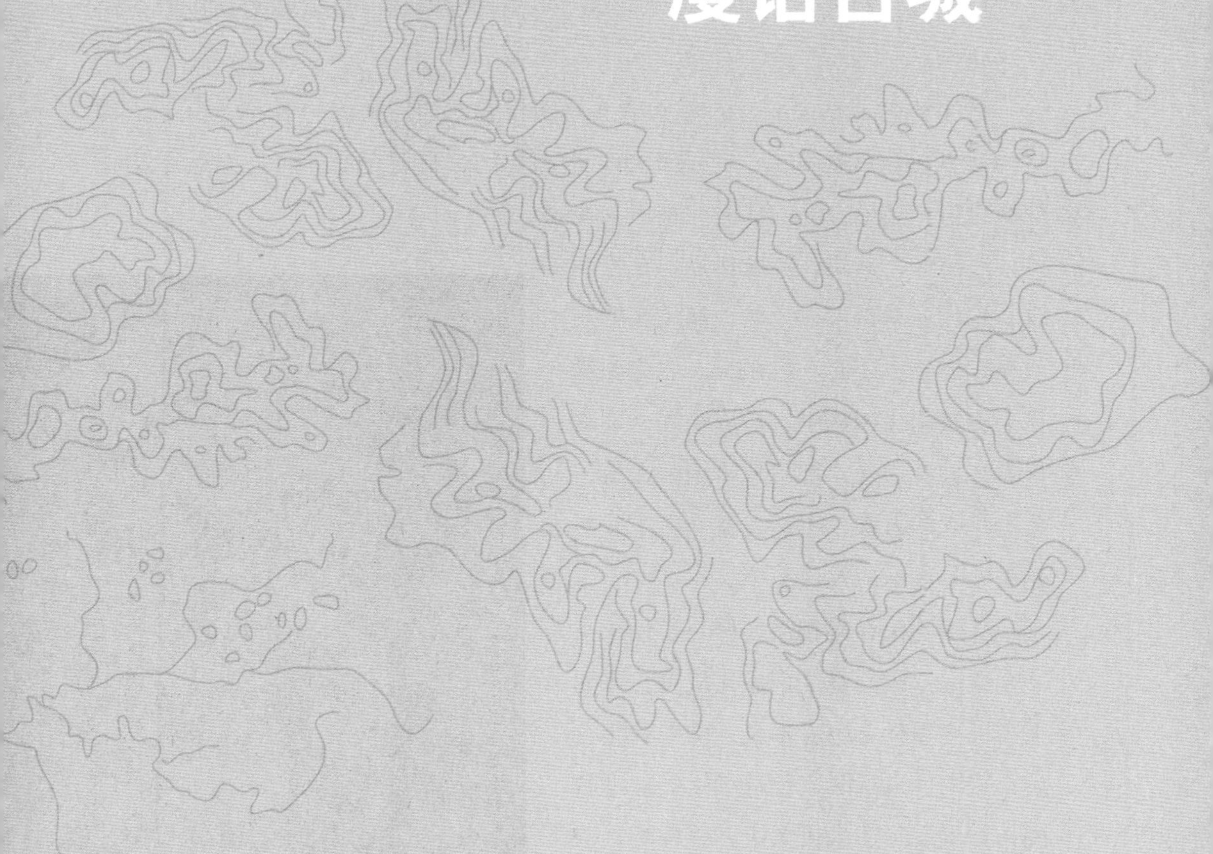

最美的就在这儿

看过法海寺的壁画之后，第一个感觉是：北京人白当了！

那里有顶精致、顶豪华、顶完整的明代大幅壁画。最美丽的存在原来就在这儿！

早闻其名，却未看过，不知道其真面目和它的厉害。一看，震惊了。真正的稀世珍宝就在身旁，过去不知。走出寺门，自谴之心一时甚至远远胜过惊喜之情，痛感自己的寡闻，相识太晚啊。

法海寺，其实，距城挺近，在京西磨石口内，只是不靠大路，离著名的京西皇家园林也还有一段距离。它单独躲在小山腰的绿树丛中，自成格局，不易找着，也就避开了都市的喧闹和人流。这也是它的万幸，不然，盛名之下，被盗被毁的厄运一定躲不掉。

◎法海寺壁画——二十天神礼佛护法图

大壁画保存得相当完好，恐怕还有一个原因：殿内奇黑，采光极差，又无天窗，几乎什么也看不见。佛寺荒废之后，殿内住过军队，住过学生，住过贫民，甚至有时还生火煮饭，昏昏然。壁画近在咫尺，多少年来却视而不见，没有大毁坏，真是一大奇迹。

和著名的敦煌壁画、芮城永乐宫壁

画相比，依我之见，法海寺壁画有它的“三绝”：

一绝：它是最精细的。道理很明白，因为它最“年轻”。莫高窟壁画是4世纪的；永乐宫壁画是元代的，建于13～14世纪；而法海寺是明代的，建于1439年，距今550多年。艺术往往随着时间走“粗—细—精细”的路，三者皆美，但风格相差极大。法海寺壁画达到了精细的顶端，在壁画史中占了一个独一无二的位置。壁画的一角有一只小兽，颇像一小犬，逆光而立，耳朵竖着，上面的微细的血管脉络清晰可见，真是一个自然写实的精品。

二绝：它是最艳丽的。道理也很清楚。法海寺是皇家寺庙，档次高，由宫廷的工部营缮所建，壁画作者全是画师，非同一般。用料也豪华，画中七十六个人物的衣服图案统统描金，每一寸上都有极细的描金服饰花团。每一条轮廓线都是小手指粗细的极工整的“浮雕”线，而且是沥粉贴金。如果有光线射去，一定是一片金碧辉煌！

三绝：它是最民族化的。佛教本是外域传来的，以北线而论，越靠西

部，时间越早，外国味也越多。法海寺几乎是最东边的，时间最晚，外国味差不多全无。人物，不论是老者、观音、小孩，还是护法天王们，已经是地道的中国人的形象了。尤其是女人的鼻子，男人的胡子，一派东方韵味。法海寺壁画恰是由西到东、由古到今的佛教逐渐民族化、国产化的变化线终点。

法海寺壁画与其他中国佛教壁画还有一个重大不同点：它有作者，或者说，它的作者不是“无名氏”，而是有名有姓的。法海寺有一通1444年立的经幢，上面记载壁画是由画士官宛福清、王恕和画士张平、王义、顾行、李原、潘福、徐福林等八人完成的。这样，这批壁画就有“主儿”了，可以称为“宛福清、王恕壁画”了，像说“达芬奇的蒙娜丽莎”一样。

现代，对保护法海寺壁画立下大功的，有两个名字是不能不提的，一位是徐悲鸿先生，他多次请求政府保护壁画，甚至为壁上的几颗钉子写过报告。另一位叫吴效鲁，是一位看庙老人，“文化大革命”初期，他智勇双全地阻止过“红卫兵”的破坏。没有他，也许这些举世无双的大壁画早已荡然无存。将来或许有人专门写写这位可敬的老人。他们二位的名字也应当刻在碑上，绝对功不可没。

法海寺应当成为和敦煌、永乐宫齐名的观光圣地，它完全有资格。虽然，它和故宫、长城、天坛一样，已被列为全国文物重点保护单位，也正式对外开放了，但由于宣传不够，还鲜为人知，游客不多。应该双管齐下，一方面大力研究如何保护好它，成立保护基金会；另一方面要开展一系列宣传工作，印画片、印画册、印邮票、办展览、写文章、开辟旅游专线，郑重其事、有根有据、大张旗鼓地为它叫好，把它推向世界！

托尔斯泰书桌上方挂着一幅意大利拉斐尔的《西斯廷的圣母》的复制品，他认为这是世上最美的画。

法海寺里的水月观音就是中国的西斯廷圣母！宛福清、王恕就是中国的拉斐尔！法海寺壁画也是世上最美的图画之一！

说来也巧，宛福清、王恕和拉斐尔差不多是同时期的人，画的中心也都是顶好看的妇人，和蔼可亲，完全世俗，西方的光着脚，东方的裸着肩，连构图都像，站在一旁的都是一位白胡子老头，意大利的叫西斯廷教长，中国的叫“月下老人”。世上就有如此的妙事。

眼下，您要去法海寺观画，可千万别忘了带上多节电池的大手电棒，那时，将由黑暗中走出一大群出类拔萃的精灵，给您永世难忘的激动。

文 /舒乙

（著名作家）

纳兰性德和大戏台

大清康熙年间，在北京西北郊区水网密布、绿树错落、稻麦飘香的原野之上，有一处美丽的村落，名叫皂甲村，这里坐落着当朝宰相纳兰明珠的乡间别墅。

单说这纳兰家的家庙对面，修了一个大戏台。且看这座戏台，高大气派，除了没有黄琉璃瓦，基石、梁架、斗栱、彩画，全是皇家建筑的气派。一到年节，鼓乐喧天，丝竹悠扬。宰相请来戏班子，演的都是应时应景的节目。有昆曲，有太平歌词，有二狗摔跤，村民百姓们都特别高兴。可有一天，这座戏台上演出的，却是一段凄婉动人的故事。

纳兰明珠的大公子纳兰性德魁梧高大，武功骑射，全是高手。诗词歌赋、琴棋书画无所不通。他自幼天资聪颖，读书过目不忘，17岁入太学读书，后拜礼部侍郎徐乾学为师，发奋读书；18岁参加顺天府乡试，考中举人；22岁时，再次参加进士考试，高中二甲第七名。康熙皇帝授他三等侍卫的官职，以后升为二等，再升为一等，深得康熙皇上的器重。但他却毅然辞掉了地位显赫的官职，过起自由自在的文人加骑士的生活，每天广结好友，诗歌唱和，骑马打拳，烹茶清谈，饮酒抚琴，好不痛快。

纳兰性德17岁娶卢氏为妻，新妻是两广总督卢兴祖的女儿。她温柔贤惠，知书达理，填词造句，颇有文采。二人夫唱妇随，情真意切，恩恩爱爱，共度人生幸福的时光，激发他写出了许多优美的诗词。

有道世事难料，婚后三年卢氏因难产不幸亡故。纳兰性德悲痛欲绝，身心也受到极大的伤害。卢氏的音容笑貌经常浮现在眼前，他陷入了对亡妻的深深思念，写出了一首首哀切的词篇。这些情真意切、婉约优美的词，立刻在文人墨客中流传开来。他把这些词编成《侧帽集》（后改为《饮水词》）出版。当时的文坛把他和朱彝尊、陈维崧并称“清词三大家”。

话说康熙二十四年（1685年）端午节，春光明媚，一大早，大人们忙着扫房、晒被子，门上挂上菖蒲，孩子们蹦蹦跳跳，看着女人们包粽子，肚子里的馋虫早就闹腾啦！中午一过，吃完了粽子，男女老少早早地来到大戏台前等着看戏。相爷请戏班，这已经成了皂甲村的老规矩。

而纳兰性德近来老是闹病，一天天消瘦，而且性情也越来越怪。他整天写写画画，一会儿念诗，一会儿唱歌；一会儿狂笑，一会儿痛哭。全家看着他神魂颠倒，但没人敢劝。这年的端午节看戏，纳兰性德把城里的朋友请来了不少，还特别邀请了朱彝尊和陈维崧二老，他要展示自己的诗词，请大伙品评欣赏。

戏开场啦。但按老规矩，先演出的还是整本的大戏，这天戏班唱的是元代王实甫的本子改编的昆曲《西厢记》，从头演到尾，一直演到了天黑。

此时，戏台下贵客席的八仙桌上，撤了茶和点心干果，上来了宴席。纳兰性德举杯，感谢好友捧场，大家助兴，一阵豪饮。《西厢记》演到结尾大团圆，看到张生和崔莺莺终成眷属，恩爱相拥，纳兰性德想起心爱的表妹，想起死去的爱妻，黯然神伤。

整出戏终于演完了，接下来，纳兰性德安排的新节目开场了，大戏变成了独唱。随着曲牌的音乐，戏班的演员展开歌喉，纳兰性德写的词，在戏台前萦绕：“瞬息浮生，薄命如斯，低徊怎忘。记绣榻闲时，并吹戏雨；雕阑曲处，同倚斜阳。梦好难留，诗残莫续，赢得更深哭一场……”

此时，原野上悄悄刮起了风，大地笼罩在夜幕当中，只有大戏台的灯光格外耀眼。老百姓因没人管饭，再说也听不懂纳兰性德阳春白雪的诗词，全都悄悄散开，回家吃饭去了。只有纳兰性德忘情地听着台上戏子的演唱，想到自己满腹经纶，一身武功，身世高贵，财富充盈。但情人阻隔，爱妻死去，不禁哀婉凄楚，意冷心灰。突然，家丁发出一阵杂乱的喊叫。只见一个女子，挣脱家丁的拉扯，独自走上了大戏台，高声唱了起来：“泪咽却无声，只向从前悔薄情。凭仗丹青重省识，盈盈，一片伤心画不成。别语忒分明，午夜鹣鹣梦早醒。卿自早醒侬自梦，更更，泣尽风檐夜雨铃。”纳兰性德听出，这是他的词《南乡子》，而且，声音是如此的熟悉。他定睛一瞧，大喊一声："婉儿，你来啦，来得好！唱得好！"纳兰性德三步并作两步，冲上台去。这位叫婉儿的女子没有停止歌声，边唱边深情地望着纳兰性德。纳兰性德如同雕塑一般，站在台上，成为一位特殊的观众。一曲唱完，纳兰性德和婉儿什么也没说，四目相视，脉脉含情。原来，婉儿名叫沈婉，浙江乌程人，是此前纳兰性德下江南游历访友在无锡词人顾贞观的诗会上结识的。她貌美歌甜，聪慧至极，风流优雅，琴棋书画，填词作曲，名冠江南，曾有词集《选梦词》刊行。她和纳兰一见钟情，流水知音，相见恨晚。到了纳兰回京之时，两人早已生死相依，唏嘘而别。纳兰走后，沈婉朝思暮想，竟然大病不起。就在半年之前，身体刚刚康复，就不顾虚弱，仅有一个丫环雁儿陪同，千里迢迢，来到北京寻找纳兰性德。她不仅要把自己的芳心，而且要把自己的一切献给自己的心上之人。沈婉因是歌伎，虽卖艺不卖身，但毕竟身份卑微，难以被相府的大宅门所容。纳兰不能正式娶她为妻，只好在京城东直门租了一套房子给她居住。二人耳鬓厮磨，卿卿我我，恩爱有加。他没想到，今天婉儿不顾相府的冷落，不顾路途遥远，不顾丫环的劝阻，冲上戏台亲自演唱他的词曲，给纳兰性德哀凄的心情以极大的安慰。这就叫红颜知己，心灵相通。此刻，纳兰性德的心颤抖了。他为婉儿的勇敢所深深感动，他要为婉儿的地位正名，也要为婉儿的艺术扬名。只见纳兰性德从衣兜取出一个梨子形状的小陶罐，放在嘴上吹了起来。这叫埙，是一种古老的乐器，声音悠远、苍凉、哀怨。婉儿和着他的乐曲，唱了起来。纳兰性德超凡脱俗的词曲，被婉儿甜美的歌喉演唱，再加上纳兰性德亲自伴奏。可谓珠联璧合。

◎海淀上庄纳兰别墅戏台

他们唱着自己的歌，忘记了世界，忘记了自我。"好！"只听台下一声叫好。原来，这诗词歌咏的魅力，这传奇一般的恋情，早已让台下之人撕心裂肺，泪眼朦胧，唏嘘不已。

此时，夜色苍茫。大戏台下，偌大的广场，只剩下了两位长者，两位童心未泯的老者。八仙桌前，朱彝尊和陈维崧喝得高兴，醉眼惺忪，一人弹琴，一人高歌。纳兰性德下台，三人豪饮，纳兰性德又抄起双剑，翩然起舞。婉儿在一旁把盏，侍奉斟酒。只见三位文人，大笑，豪饮。然后，弹琴，唱歌，起舞。接着，又是大笑，豪饮。重新弹琴，唱歌，起舞……

就这样，这些文人艺术家，高唱豪饮，直到天明，全都醉卧。次日朱、陈二老揖别，仍旧沉浸在昨夜的酣畅之中。不久，纳兰性德病情加重，虽多方治疗，但效果不佳。他自知康复无望，便返回他艺术创作的源头——京城后海渌水亭居所，熬到五月三十日，突然离世。一代“词圣”驾鹤西去，年仅31岁。

死后，纳兰性德葬于京西皂甲村他家的祖坟。纳兰性德的恩师徐乾学为他撰写了墓志铭和神道碑文。

沈婉为他生下遗腹子，终被纳兰家族所接纳。此是后话。

纳兰性德在世时，有词集《侧帽集》《饮水词》刊行。纳兰性德故去后，沈婉将两书合编，增遗补缺，共收录作品342首，名为《纳兰词》，随即在民间广为流传。

又过了许多年，坊间传说纳兰性德是《红楼梦》中贾宝玉的原型，明珠花园即是大观园。这种说法虽无法考证，更无定论，但说明纳兰性德的文名留在了老百姓的心中。京城百姓间曾经流传一首民谣，表达了人民对一代词人的惋惜与怀念。

歌谣唱道：

大清相府俊儿郎，文武双全把鼎扛。
情真意切大戏台，知音豪饮诉衷肠。
可怜志高命不长，留下饮水好辞章。

文 /贾福林

（原劳动人民文化宫研究室主任）

北海公园与北京城

北京城是举世闻名的历史古城，而北海公园最初的开辟，还要比现在北京城的建址更早一些。因为北京早期的城址并不在这里，只是由于北海开辟为一处重要的风景区之后，北京才从原来的旧址迁移到这里来。所以严格来说，没有北海，也就没有现在的北京城。

1980年是北海公园建园800周年。这个时间是从金朝大定十九年（1179年）在这里兴建太宁宫算起。太宁宫是金朝统治者在中都城东北郊外所兴建的一座离宫。中都城通称幽州城，也叫燕京，是在北京的原始城址上发展起来的最后的也是最大的一座大城，它的中心位置，就在今天的宣武区广安门一带。

至于北海最初的开辟，还在太宁宫兴建之前。元代作家陶宗仪在《辍耕录》一书中，曾记载了有关北海开辟的一个传说，他是这样写的：

> 浙省参政赤德尔尝云：向任留守司都事（按系负责宫禁工役的官）时，闻故老言，国家（按指元朝）起朔漠日，塞上有一山，形势雄伟，金人望气者谓“此山有王气，非我之利”。金人谋欲压胜之，计无所出。时国（按指金朝）已多事，乃求通好入贡。既而曰：“他无所冀，愿得某山以镇压我土耳。”众皆鄙笑而许之。金人乃大发卒，凿掘辇运至幽州城北，积累成山，因开挑海子，栽植花木，营构宫殿，以为游幸之所。未几金亡，世皇（按指元世祖忽必烈）至元四年（1267年）兴建宫城，山适在禁中，遂赐今名云。

这个传说，真伪杂糅，有虚构，也有事实。元世祖至元四年（1263～1267年），以太宁宫的湖泊为中心兴建宫城，这是事实。至于说金人移山造海的事，当然是虚构，不过其中也反映出了一定的事实。只需剥落其虚构的部分，就可以看到其真相。事实是先有湖泊，然后把湖泊加以开凿，又在靠近湖泊东岸的地方，堆筑了一个峙立如山的岛屿。这开凿后的湖泊，就是现在的北海和中海，湖中如山的岛屿就是现在北海中的白塔山，正式的名称是琼华岛。

从地质史上来看，这一带湖泊原是古代永定河的故道，河流迁移之后，残余的一段河床，积水成湖，并有发源于今紫竹院湖泊的一条小河——高梁河，经今什刹海（也同样是古代永定河故道的残余）分流灌注其中。大约从很早的时候起，附近居住的劳动人民就已经开始利用这一区湖泊，辟治水田，种稻植荷。天长日久，终于在北国的原野上，开辟出一片富有江南风光的水乡。金朝的统治者在兴建中都城后，又看中了东北郊外这一片风光明媚的水乡，于是又在这一带天然湖泊的中间一区，大兴土木，“开挑海子，栽植花木，营构宫殿，以为游幸之所”。这个“游幸之所”就是上文所说的太宁宫。现在既以太宁宫的兴建作为北海公园建园的开始，那么也就不应该忘记，正是劳动人民胼手胝足地长期经营，才为北海的建园创造了条件，奠定了基础。

更重要的是至元四年（1267年），元世祖忽必烈以太宁宫的湖泊为中心兴筑宫城之后，环绕着这新筑的宫城，按照一个完整的规划，又兴建了一座大城，这就是历史上赫赫有名的大都城，也就是现在北京城的前身。

忽必烈放弃中都旧城，另建大都新城，也是有个过程的。《元史》记载，中统元年（1260年）十二月，忽必烈来到中都，很明显的是他有意从蒙古高原

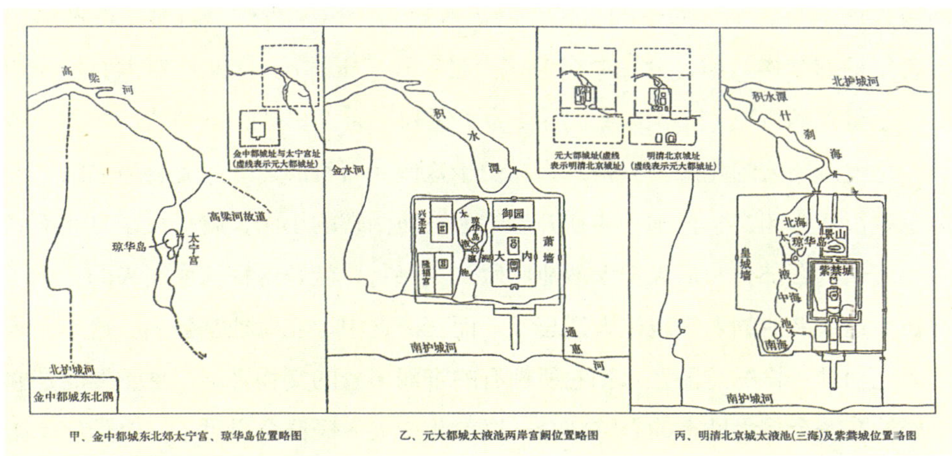

◎太液池演变示意图

上迁都到这里，以便于就近坐镇，进攻中原，征服建都临安（今杭州）的南宋，统一中国。但是早在四十五年以前，当成吉思汗部下的骑兵攻占中都城时，中都宫阙已为乱兵放火焚烧，因此忽必烈不得不暂时住到中都城外的太宁宫去。太宁宫的琼华岛上有座广寒殿，这就是当时忽必烈下榻的地方。史书有明文记载说，当时献给忽必烈的玉瓮“渎山大玉海”和卧床“五山珍御榻”，就都放置在广寒殿里。现在这张卧床虽已不知下落，但玉瓮却仍然完好无恙地保存在北海公园南门外的团城上。这是很有纪念意义的一件艺术珍品，它不仅显示了七百多年前石雕艺术的精湛水平，而且还使我们联想到：当初这只玉瓮被放在北海琼华岛上的时候，现在的北京城还不存在！

这里还得说明的是北海公园南门外这座团城所在的地方，原来也是一个小岛，同样属于太宁宫宫苑的一部分，有石桥直接与琼华岛相接。元初以湖泊为中心兴筑宫城时，又在这个小岛的东西两侧各建一道木桥，通过东边的木桥，可以直达湖泊东岸皇帝临朝和居住的“大内”，也就是现在紫禁城的前身。通过西边的木桥，就来到湖泊西岸南北对峙的两组宫殿之间。南边的一组在今西黄城根南街与中海之间，叫做隆福宫，是皇太子居住的地方；北边的一组在今西黄城根北街与北海之间，叫做兴圣宫，是皇太后居住的地方。三宫鼎立，团城所在的小岛，正是东西联系的中心，曾被命名为瀛洲，以象征神话中东海里的仙岛；又因为岛形浑圆，因此一般又叫它圆坻。到了明朝，圆坻东边木桥所在的地方被填为陆地，瀛洲、圆坻等名称，也就失去了最初的含义而逐渐被人所遗忘。至于西边的木桥，却被改建为一座大石桥，石桥东西两端，各建华丽的牌楼一座，分别命名为“金鳌”和“玉蝀”。因此这座大石桥就叫做“金鳌玉蝀桥”。新中国成立后，为了便利交通，才拆除了牌楼，加宽了桥面，这就是今天的北海大石桥。当初由于这座大石桥的建立，元初命名的太液池也就被截分为二，再加上明初开凿的太液池南端的小湖，就形成了自北而南互相连属的三部分，后人把太液池叫做“三海”，就是这样演变而来的。到了现在，这太液池的名字也被人遗忘了，而三海之中，北海独享盛名，这不仅是因为它独具一格的造园艺术和它所拥有的富丽多彩的文物古迹，更重要的是它正好处在一个伟大城市的心脏部分，这就为广大人民群众提供了一个最便于游览和欣赏自然美景的好地方。春夏秋冬，物换星移，但是无论什么季节，什么

◎北京城中的北海公园

时刻，人们来到这里，面对这绮丽如画的湖光山色，仰望高耸入云的白塔，凝视那如同漂浮在水面上的亭台廊榭、如虹长桥，自然会心旷神怡，从而最有效地使疲劳的身心得到休息，并涌现出一身新的力量，投入到自己的工作中去。过去被封建帝王独霸的人间仙境，而今已成为人民群众游览和休息的乐园。最初劳动人民的创造，最终还是归劳动人民所有，这就是历史的法则，也就是北海公园在800年建园史上最值得纪念的一点。

编者注：此文系侯仁之先生1980年撰写。据王灿炽先生《金中都宫苑考略》考证，北海始建于金大定六年（1166年），建成于金大定十九年（1179年）。

文／侯仁之

（中国科学院院士）

漫话北京古桥

历史上，北京的水系众多，水量丰沛，河渠贯通。为了克服交通阻隔，历朝历代，沿河搭建了大大小小的桥梁，元、明时期有记载的桥就有150座，到了清代已发展近400座。再把皇家园林中大小桥梁计算在内，总数近千。这些桥有些气势宏大，精美绝伦，如卢沟桥，全长260多米，桥宽近10米；而有些小桥不足大桥上的半块桥板，如半步桥（位于宣武区虎坊桥一带）；有些桥早已消失无踪，只能从保留下来的地名考证它的存在，如天桥、红桥、骑河楼桥；有些桥则奇迹般地保存下来，见证了千年古都的兴旺和变革。

银锭桥和“银锭观山”

我们先把北京什刹海的前海和后海想象为我们的左右手掌，两掌指尖相对靠拢，接合处只有中指那般粗细，就在这个地方，有一座单孔石拱桥横跨碧水之上，桥形中间大两头小，像个倒扣过来的银元宝，元宝又叫“锭”，故得名“银锭桥”。

伫立银锭桥头，西望湖山秀色，心旷神怡。特别是在无风的黄昏，水平如镜，落日熔金，片片荷莲逦向远岸，黛青色的西山蒙蒙然映入眼帘，让人流连忘返……传说清时有位状元郎面对如此胜景，当即题了“银锭观山”四个字，后来这“银锭观山”就成为京城小八景之一。

初建银锭桥的确切年代已无从考证，到了明代，史籍中已有关于银锭桥的详细记载，《燕都游览志》描绘道：“城中水际看西山第一绝胜处也。桥东西皆水，荷芰菰蒲，不掩沦漪之色，南望宫阙，北望琳宫碧落，西望城外千万峰，远体毕露，不似净业湖之逼且障也。”

依照推测，元大都建成后，什刹海就成为南粮北运的终点码头，斜街一带商业汇集，有米市、面市、羊市、皮帽市、铁器市等，为全城商业最繁荣的地方，有记载说：每天运到这里的丝，就有千车，各国使节、商人、僧侣、旅行家络绎不绝……繁华自不用说，建造便桥方便两岸来往是情理之中的事情；从其地理位置看，这里水域最窄，便于架桥；因为这里又是船舶必经的繁忙要道，为便于通航，把桥建成单孔高拱桥是最简单合理的选择了，所以笔者推测银锭桥建桥时间最有可能是在元朝初年。

1910年汪精卫、黄复生为了刺杀载沣，在银锭桥下秘密埋设了炸弹，因被军警发现，刺杀未果，汪、黄二人被捕入狱，形成当年轰动一时的“银锭桥事件”。

现在的石桥是1984年重建的，桥身正面镌刻着历史学家单士元老先生题写的“银锭桥”三个楷体大字。今天的银锭桥长12米、宽7米、高8米、跨径5米，青白石的桥体饰有镂空云花栏板和翠瓶卷花望柱，古朴的桥身与碧水翠柳融为一体。桥畔杨柳依依，葱茏流翠；不远处古宅相拥，胡同密集，古韵悠然，隐于浓荫中的王府、寺庙的屋顶飞檐依稀可见，一派清雅幽静。后海的酒吧街也成为今天北京城一道靓丽的风景。

李广和李广桥

说李广桥得先说李广这个人，李广何许人也？他是明孝宗弘治皇帝身边的太监，史书中记载他可不是什么好人，说他先是“以符箓祷祀蛊帝，因为奸弊”，被授以传奉官，后又仗恃权势大肆收受贿赂，“又擅夺畿内民田，专盐利巨万”，用今天的话，绝对是个巨贪恶霸。财大气粗的李广在月牙河（今后海西南岸通往什刹海一带）边的煤厂建造起豪宅，并引玉泉山水绕宅一周。为进出方便，在宅西的河道上建起一座小桥（在今天的柳荫街北端和羊房胡同东口交接处），人称“李广桥”。

李广善占卜算卦，深得皇帝宠信。他向弘治皇帝进言，为了江山社稷，应在皇宫后面的万岁山（今景山）修建一座毓秀亭。皇帝听了他的话，马上命人拨款修建。不承想那毓秀亭竣工不久，先是皇帝的小公主夭折，紧接着，宫内又连续发生火灾，把乾清宫和乾宁宫烧个精光。早想除掉李广的大臣趁机向皇

◎北京的古桥

帝奏本，说李广建议修建的毓秀亭挡住了西北向的吉风，又因他私引玉泉山水环绕宅第而坏了吉水，犯了“岁忌”才遭此大祸。皇帝闻听大怒，当即传命捉拿李广问罪。李广闻讯，惊恐万分，自知死罪难逃，遂在家中饮毒酒毙命。之后，李广的宅第被没收充公，豪宅换了新主人，李广桥也被更名为藜光桥。

到了清朝，据《京师坊巷志稿》记载，该桥又恢复为李广桥。民国时期，李广桥南沟西叫李广桥西街，沟东叫李广桥南街，桥东沿后海南岸叫李广桥东街。

中华人民共和国成立后，在河道两岸广植杨柳，1956年以后李广桥西街、南街更名为柳荫街，李广桥东街改为柳荫东街。柳荫街，当地的老百姓又称元帅街，这里先后住过一批军界德高望重的将帅……

消失了的玉河桥

元朝建都北京以后，为了解决南方的粮食物资北运，特意挖建了一条运粮河，即著名的通惠河。北起昌平境内，经昆明湖、积水潭，向东南穿过城区，到通州接古运河。由于通惠河的开挖，大运河的终点可以延伸到积水潭，每年有二三百万石粮食从南方经通惠河运到大都。可以想象出当年这条大河上，千帆竞发、商船聚泊的繁华场面。

大河中一段水系穿过城区，由什刹海出来，流经地安门、南北河沿，再经东长安街、东交民巷，入南城归入护城河，这一段人们习惯叫它为“玉河”。

到了明朝，新皇城修建时，把南北河沿圈在了东黄城根儿里，从此城中河道不能通航了。为方便两岸出行，在玉河上先后建起三座桥，一水儿的汉白玉石栏石柱，煞是好看。一座东西横跨在长安街上（位置在今天的贵宾楼附近），叫北玉河桥；一座在东交民巷，叫中玉河桥；另一座在南城边上，叫南玉河桥。当年的玉河河水清澈，两岸柳绿成荫，再有玉桥横架碧水，景色甚佳，吸引众多的王公大臣依河大兴土木，这里曾是车水马龙，冠盖云集之处。

民国年间，玉河被盖上盖板成为了暗河，上面修成马路，玉河连同玉河桥从此在人们的视线中消失了踪影。

高梁桥和高亮赶水的传说

西直门外北侧约数百米的河道上，有一座单孔石拱桥。因桥跨高梁河，所以叫高梁桥。此桥初建于元朝，现存石桥为清朝时重建。桥两侧有青石护栏，两头设有抱鼓石。

早先在桥的南北各有牌坊，南牌坊之南额题为“长源”，北额为“永泽”，北牌坊之北额题为“姿安”，南额为“广润”。

高梁桥是元都城出和义门（另两门为肃清门和平则门，分别位于和义门的一北一南）的主要道路。明、清时为出西直门往西北向的主要道路，当年慈禧太后去颐和园往往在高梁桥附近的船坞上船，经白石桥、万寿寺、长春桥，直达颐和园和玉泉山。高梁桥向西北也有直达畅春园、圆明园和颐和园的通畅的陆路。

桥下的河叫高梁河，玉泉山、昆明湖水经这里流向德胜门水关，当年的高梁河“沿河高楼多茶肆”，商贾云集，店铺林立，极为繁华。

高梁桥过去是北京人出城踏青的首选之处。刘侗在《帝京景物略》记曰：“岁清明，桃柳当候，岸草遍矣，都人踏青高梁桥。”袁中郎在《琼花斋集》中也有这样的描写：“两水夹堤，垂杨十余里，流急而清；鱼之沉水底者，鳞鬣可见；精蓝棋置，丹楼珠塔，窈窕绿树中……当春盛时，城中仕女云集，缙绅士大夫，非甚不暇，未有不一至其地者也。”

高梁桥的名声之大，除了它的风光和热闹，还和一段传说有关。

相传当年建造北京城时，龙公龙婆要带走全北京的水，他们把水装在两只水篓里，这一天推着车悄悄出了城。刘伯温听到消息，急忙叫大将高亮去追。高亮追出西直门，果然看见龙公龙婆的车上一左一右赫然放着两个巨大的水篓，高亮举枪刺破水篓，“哗啦”一声，水喷涌而出，从此这里的人们喝上了甜水……人们为了纪念高亮赶水的事迹，就把西直门外的这座小桥叫高亮桥，时间一久，就叫成了高梁桥。

如果我们把古老的北京城那如棋盘状的街道看做是一副温暖的骨架，那么遍布其间的戏院、茶楼、寺庙就是他身上的穴位，河渠是他的血脉，那连成一片的四合院落就是他的肌肉，桥让他们骨肉相连……

文 /付胜

（《景观》杂志通讯员）

银杏树与北京城

又是秋枫流丹时，观赏红叶，已是北京人一年一度的盛大节日。这些年，人们可能不经意地发现，此刻也是观赏银杏的最佳时节。你看那金黄色的叶片，如蝴蝶漫天飞舞，一夜之间，蓦然遍地金黄，银杏叶与红叶相映成趣，构成了秋日京华最靓丽的风景。

北京栽培银杏溯源

银杏，俗称白果树，有较强的抗污染、抗病虫、抗烟火、抗核辐射的功能，其果可食，果与叶亦可入药。银杏是世界著名的孑遗植物，号称活化石，直到20世纪40年代，学术界还认为，在中国真正野生的不过几株，“要不是东亚僧众把它养在寺庙里，白果树也早该绝灭了。”（斯行健：《水杉》，1950）佛门将银杏当做中国的菩提树，十分神圣，称其为“东方圣者”，栽在寺庙，能很好地衬托出佛门净土的气氛庄严肃穆。所以，郭沫若说中国的银杏是“由人力保存下来的奇珍”。中国古代的咏树诗汗牛充栋，咏银杏的诗词却寥若晨星，其原因也在于它的稀见。经过新中国成立后的多年调查，发现浙江天目山、川鄂交界的神农架地区及皖豫交界的大别山区，都残存着野生和半野生的银杏，从而改写了中国历史的银杏分布图。

银杏在北京地区的栽培史，与佛教的传播有密切关系。佛祖释迦牟尼在今印度比哈尔邦菩提伽耶的菩提树下悟道，佛教徒将菩提树视为圣树。佛教传入中国后，南方寺院开始引种菩提树，可是菩提树不能在北方越冬，银杏就成了替代的圣树之一。佛教于公元4世纪初期至中叶传到北京地区，主要是由于后赵（319～351年）镇守幽州（北京地区）的羯人石斌尊佛，民间出家、修庙渐成风气。北魏文成帝和孝文帝大力提倡修庙，佛教开始在北京扎根。现存的法源寺、戒台寺（万寿禅寺）、潭柘寺（岫云寺）、卧佛寺（十方普觉寺）、灵光寺（八大处二处）均系唐建。有些佛寺早已不存，但还留着当年的银杏树，有些银杏树则随着寺庙一同被毁了。在唐代佛寺中，仅潭柘寺还可以见到一株被乾隆皇帝赐名叫“帝王树”的古银杏，树龄超过千年。其实，真正的银杏王是密云久远庄小学内的大银杏，这所小学建在古香岩寺的遗址上，清乾隆年间研究北京兼及京畿各地的地理著作《日下旧闻考》说：“香岩寺，元至元年间建，俗称白果寺。”原寺内有碑文记载“此鸭脚子植于唐代以前。”（银杏树因叶片如鸭掌，在三国至唐代称鸭脚，又因其种子形状似杏，外披银色白粉，宋人开始叫它银杏，元代民间又称其为白果。）香岩寺碑文有两点值得注意：第一，银杏之名用的是三国至唐代的通称——鸭脚子；第二，“植于唐代以前”，说明它并非野生。由此判断，这株银杏即使栽于唐代（而非“以前”），树龄也有1100年以上，北京的银杏王非它莫属。如果银杏伴随佛教文化传入北京地区的推断能够成立，北京栽培银杏的历史可以上溯到公元4世纪左右。

银杏树为北京地区生物多样性作出了宝贵的贡献，古银杏则是祖先遗留给北京人民的一份珍贵的自然文化遗产。由于银杏的生物学特性，演绎出许多离奇的故事和传说。怀柔怀北镇两棵银杏“天宫童子”和“孔雀仙子”的“白果恋”，是将银杏雌雄异株特性艺术化的典型代表。银杏根系发达，具有较强的发生根蘖能力，容易在根上长出新的植株。大觉寺北配院一株古银杏“一龙九子”，形成了独木成林的西山奇树。好事者在银杏增生的侧枝上也做过文章，红螺寺两株唐植银杏下的10株小树，被寺僧说成是一株幼树代表一个朝代。潭柘寺的“帝王树”枝干丛生，传说清代每出一帝，树就增生一干，那个短枝就代表末代皇帝溥仪，因为他只当了三年皇帝。而海淀七王坟的老银杏被慈禧派人砍伐后，增生的小树却招来斩草除根的“杀身之祸”。这个故事有点牵强，或可作为游人们的谈资。

金章宗完颜璟在西山所建八座别墅（又称八大水院）之一的阳台山金仙庵，民国时期是中法大学第三农事实验场所在地。1927年该场即在此专栽银杏，应是北京地区最早用科学方法人工栽种的银杏林。1935年国民党元老吴稚晖特意题“公孙林”三个篆字于寺后石壁。当年栽种的银杏早已成林，树龄都已70多岁，与寺中的千年古银杏交相辉映。夏日里，银杏林繁密的叶片像绿色的羽扇，为游人送来丝丝凉爽；秋阳下，上百株银杏化为一只只争相展示华美尾翼的孔雀，金光灿灿，无比辉煌。金山清泉从林中汩汩淌过，日夜不息，漱石流泉，绿树红墙，游辽金古刹，这里独具特色。

银杏见证北京沧桑

银杏生长缓慢，实生苗一般20年以上才可结果，民间常说：爷爷栽树，孙子才能吃到银杏果，故又有公孙树的俗名。其寿命之长，许多树种望尘莫及。大兴区安定镇前安定村的一座小沙丘上，屹立着一株老态龙钟的银杏，传说是汉代双塔寺遗物，与东汉光武帝有一些瓜葛。公元8年，王莽取代西汉王朝，复古改制，搜刮民财，百姓苦不堪言。在赤眉、绿林农民大起义中，刘秀和其兄加入起义军，转战河北。一天，刘秀来到大兴双塔寺，人困马乏，刚想倚在银杏树下打个盹儿，忽闻一阵急骤的马蹄声，是追兵已到，他翻身上马，率先逃出虎口。公元25年刘秀当了皇帝，是为汉光武帝。他居安而不忘当年双塔寺前的一幕。自忖乃神灵保佑，方能化险为夷，于是下诏重修此寺。今天，寺庙早已灰飞烟灭，只剩下这株老干斑驳的银杏。东汉距今已近两千年，专家推断此银杏树龄约为500年，当为后人补栽。

金迁都燕京，扩建都城，在营建宫殿的同时，开始大规模建设园林。北京地区的园林及风景点，主要奠基于金代。银杏树即由佛门圣树而逐渐成为皇家园林的观赏树，这可以从西山大觉寺、金山寺、七王坟的古银杏树得到印证。

房山十字寺的古银杏，是元代景教一处重要的史迹。景教是基督教的一个派别，唐代传入我国。元代，蒙古族入主中原前，景教流行在回纥、突厥、契丹等北方少数民族地区，后来元大都（今北京）成为景教的一大主教区。著名的畏兀儿（今译维吾尔）外交家拉班·扫马，曾在房山十字寺修道7年。1275年左右，受元世祖忽必烈所遣，年近半百的拉班·扫马与门徒马古斯去耶路撒冷朝圣，途经宁夏（今宁夏银川）、斡端（今和田）、可失哈儿国（今喀什），抵伊儿汗国都城马鲁加（今伊朗北部大不里士），先后客死叙利亚（时属伊尔汗国）。他们是元代与西亚和欧洲文化交流的伟大使者，其贡献足以与同时代的马可·波罗相提并论。房山十字寺是他们西行朝圣的起点，至今这里的古银杏树繁茂依旧，年年岁岁，似在向人述说这段鲜为人知的历史。

紫竹院长河北岸的古银杏，见证了明王朝的灭亡。1644年李自成率农民起义军主力由居庸关长驱直入，与刘宗敏、李过在北京城外会师，于3月17日同时攻打彰义门（今广安门）、平则门（今阜成门）、德胜门。18日狂风骤起，大雨滂沱，李自成在一株银杏树下挂甲避雨，准备次日入城。当夜崇祯自缢，明王朝灭亡。相传李自成避雨的那株大银杏树，就是现在还活着的“拴马树”。

◎银杏树

清代，发生在银杏树下的故事更多，先不说乾隆为潭柘寺的银杏赐名“帝王树”，为大觉寺的银杏王赋诗。慈禧怒砍七王坟古银杏的传说，则更典型、更具戏剧性。清道光皇帝第七子醇亲王奕譞的墓地在西山阳台山下唐法云寺旧址。法云寺原是金章宗所设西山六院之一的香水院。明末《帝京景物略》说，法云寺有大数十围的两棵银杏。墓地是七王（光绪生父）在世时于同治七年（1881年）亲自选定的。他在描述这块风水宝地的七律诗前言中说：“有银杏……清阴盈亩，垂实累累”，1891年死后就被葬在这里。一天太监李莲英向慈禧禀报：“七王坟宝顶后有一株千年银杏，当地百姓说，白果树的白字与王字合而为‘皇’，预示后代要辈辈出皇帝。”慈禧一听，心想：“灵呀，他儿子就是皇帝！”于是一不做、二不休，“今天非破了你七王爷的风水不可！”立即下令锯树。可是，次年春，周围又生出几个嫩枝。慈禧又惊又怕，便派人刨出老根，还灌上了石灰水。

当我们温习深藏在古银杏年轮之中的逸闻传说时，有谁不觉得这是在阅读一部沉甸甸的北京历史呢。

文 /胡洪涛

（《景观》杂志通讯员）

紫禁城里赏古树

故宫又名紫禁城，是明清两代帝王的宫殿。580年的悠悠岁月造就了这个人类文明史上的瑰宝。它那美轮美奂东方风格的建筑，浩如烟海的馆藏文物，使人流连忘返。然而，你是否忽略那些掩映于红墙金瓦间的参天古树，需知它们同样积淀着丰厚的历史，是紫禁城内的绿色文物啊！故宫建筑群占地72万多平方米，有房屋9000多间，高墙大院，砖木结构。据说出于安全考虑，除去御花园、武英殿附近、外东路，其他建筑物密集之地，很少有树木，因此这些古树弥足珍贵。

御花园中的灵柏

御花园总面积仅11700平方米，却建有钦安殿及轩、斋、堂、亭等20多座不同风格的建筑物，门、桥、路相连，山水俨然。奇花异木，充斥其间，宛如人间仙境。尤为令人叫绝的，这里竟伫立着110多株柏树，棵棵充满灵气。它们峻峭挺拔，枝叶繁茂，在花园上空撑起了一把绿色的巨伞，即使烈日炎炎，这里也是一片清凉。

这些老态龙钟的古柏，树龄大都在100～300年之间。走进故宫后门右侧的集福门，迎面是一株编号为A00757的桧柏，基部隆起恰似一尊趺坐的大肚罗汉。它啸傲蓝天的枝干干枯，一枝伸出长臂，拥抱着延晖阁屋脊上的鸱吻，形成“高阁倚紫垣，翠柏映延晖”的绝妙景观。人称此树为“疙瘩柏”，它是故宫的“桧柏王”，与故宫同龄。单士元先生认为，紫禁城始建时间比许多人考证的永乐四年（1406年）要早。那么，应该是先有“桧柏王”，后有御花园，这株桧柏树龄少说也有600年。

细心的游人还会发现，御花园里不少古柏的树干上，都鼓着像葫芦、发髻等千奇百怪的树瘤。人们可以通过古树的怪异美，驾驭想象的翅膀，给它们命名。有一个树瘤，竟酷似一只活灵活现的猕猴。它浑身披着褐色的绒毛，低平的脑门和鼻梁，眼睛闪闪发亮，狡猾地藏在树杈后，打量着来往人等，憨态可掬。好好的树，为何会长出树瘤？原来这是树干受伤后，因病理和生理作用而形成的。病原物从伤口侵入后，双方都在积极活动。柏树体内也和其他植物一样，有防卫反应基因。基因产生的物质，可以直接或间接地对病原物的侵染起防御作用。这时受伤部位及周边细胞、组织都被激发起来，形成了一个保卫自身、攻击病原物的前沿阵地。树瘤从特定意义上讲，就是这场残酷而持久的保卫战的结果和持续，显示着沧桑岁月里，它们与逆境的抗争和生命的顽强，表现了“岁老根弥壮，骄阳叶更阴”（王安石诗）的精神。

故宫御花园万春亭与浮碧亭之间，有一架缠绕“人”字形古柏而生的紫藤，宛若一峰昂首奔跑的骆驼。这紫藤的年龄也有500年之久了。乾隆为它写过诗，把柏树说成松树，把藤萝说成女萝。天子一言九鼎，在那个时代自然无人敢说一个“不”字的。

钦安殿前有一异株共生的桧柏，呈“人”字形，人们称它为连理树或人字柏。许多人走到树下，都会吟诵起白居易“在天愿作比翼鸟，在地愿为连理枝”（《长恨歌》）的名句来，都说这树是专一爱情的象征。然而，这并非栽种者的初衷。我国自古以来，就把草木异根而枝干连生视为国泰民安的吉祥之兆。御花园里的奇花异草，无不隐含这一主题。这里的连理树，是由花匠精心长期定向培育的结果，反映了明清两代园艺技术的高超。除此以外，御花园中还有5株连理树，一株在天一门至坤宁门的甬道上，另4株环列于万寿亭四周，6株连理树中，以钦安殿前的长势、造型、位置最佳。

摛藻堂西侧，有一棵充满神秘色彩、名不副实的灵柏。据说，乾隆皇帝每次南巡时，这树就变得灰白泛红，枯死了；而他一回宫，树又复活，一片新绿。左右把这奇事禀告皇上，乾隆想起，自己多次南巡途中，总是不冷不热，和风习习，莫非古柏真有灵气，用它的浓荫为朕护驾？一时高兴，便封此树为“遮荫侯”。宫中上下也就都称它为“灵柏”，竞相说道，当今皇上是个“福分至大”的人，他的德政感动了上天，天遂降赐连理柏、灵柏等祥瑞之物。这些，对这位“古稀天子”，无异于锦上添花。其实，乾隆在位六十年中的六次南巡，每次都是农历正月中旬从北京出发，当年四月下旬回京。柏树的表现与气候相符，与乾隆一行人中对气候的感觉，不是也很吻合吗？应该说不是柏树显灵，而是行期安排得巧妙。

御花园中古柏甚多，乾隆为何独钟情于这棵柏树呢？原来摛藻堂是一悬山式精美建筑，当时是书库，藏有《四库全书荟要》等12000册图书。乾隆对汉学造诣颇深，常来此吟诗读书；乾隆十四年（1749年）即乾隆第一次南巡的前两年，就曾作《古柏行》：“摛藻堂前一株柏，根盘厚地枝拏天。八百春秋仅传说，厥寿少当四百年……”赞它高寿、顶天立地，而未提其灵异。看来，灵柏之封最早也应在1751年5月乾隆第一次南巡回京之后。有人推测，此柏树龄约有600多年，因写诗时树已400岁，而历史又飞越了250年。

古华轩前一古楸

故宫外东路宁寿宫区西北的乾隆花园内，有一株楸树。这树的不寻常处，在于它不仅因乾隆的保护免遭厄运，乾隆还为它吟过诗、作过对联，备受青睐。

乾隆三十七年（1772年），乾隆宣布自己只做60年皇帝，便让位于太子颙琰（即后来的嘉庆帝），因他祖父康熙在位61年，他不愿超过先辈。当年动工修建外东宫，作为退位后的养老之所。即是太上皇的住所，建筑规格便仿照前三殿、后三宫和中、东、西三路大故宫的体制。乾隆花园有四个景区，古华轩处于第一区内。当时，这里就有一株近百年的楸树。建筑设计者打算砍伐它，平地后建一座五开间歇山卷棚式屋顶的敞轩。传乾隆得知后说：房屋可以择地而建，计时而成，树木长这么大需多少年月，死而不可复生！要求把房子后移，避开古楸，从而救了古树一命。四年后的1776年，外东宫即宁寿宫区全部完工。乾隆十分满意，皇极殿与乾清宫，宁寿宫与坤宁宫，养性殿与养心殿……何其相仿，将来长住这里，也不会感到生疏和寂寞的。特别是花园中的那个轩，由于留下楸树作为借景，轩内装饰着楠木雕天花，更显幽清古雅，草木荣华，故赐名古华轩。平日闲暇，乾隆也常来轩中。乾隆四十九年（1784年）正月初一，乾隆来此赏景赋诗，诗中有“以素为华今即古，启予绘藻得于轩”之

◎钦安殿前的人字柏

句，既赞美轩能启发自己的才思，增添文采；又说楸树开素洁的花，装扮得名轩更加典雅。古楸不是在用素花（古代华同花）书写自己的历史，集今成古吗？看来，这才是这位“古稀天子”诗情涌动的缘由！

三年后，乾隆来轩赏雪，又即兴赋诗。诗曰：“树植轩之前，轩构树之后；树古不计年，少言百岁久。孙枝亦齐肩，亭立如三友；粗皮皱老干，冬时叶无有。积雪为之华，是诚循名否？”这诗明白如话，巧妙地道出了树与轩的时间和空间的关系。末句中说，楸树冬天叶落了，却有积雪为花，“古华”难道不名实相符吗？

从乾隆的两首诗中看，楸树开白花，为落叶树。那么，楸树究竟为何物呢？楸树学名：*Catalpa bungei* C.A.Mey.，又称梓桐，属紫葳科梓树属的落叶乔木，高可达30米。叶三角状卵形，白色钟状花冠，内有紫斑，典雅美观。树姿优美，浓荫覆地，且对有毒气体有较强抗性，是良好的绿化树种和庭园观赏树。花和嫩叶可食，花还可浸提芳香油；树皮、叶、种子皆有药用价值，有解热毒、利尿、杀虫等功效。乾隆之所以极力保护古楸，并非完全知道它有这么多好处，或许是他自幼就受到了其父雍正的影响吧！雍正继承皇位之后，就首倡垦荒植树。他曾告谕天下：“舍旁田畔及荒山不可耕种之处，度量土宜，种树木。桑柘可以饲蚕，枣栗可以佐食。桕柏可以资用，即榛楛杂木亦足以供炊爨。”他还规定了奖植惩伐的办法，这些对保护生态不无积极作用。乾隆继承其父传统，注重植树造林，如他下江南时，见运河沿岸有的堤防不固，就提倡植柳护堤。规定堤防人员每年栽柳100株，成活率达七成的奖，乱砍滥伐者罚。使河堤植柳之风盛行全国。他又命人在京城西苑广种草皮，大力植树。仅景山、瀛台等处，一次就植松柏槐柳等3万～4万株。凡他所到之处，对树恩宠有加，有时封侯拜将，甚至赐爵封王，赋诗作对更是寻常事。至今北京大学未名湖畔，还立着一方乾隆五十二年镌刻的他的清明植树诗卧碑，是圆明园遗物。永定河金门闸右侧，也刻有他的《植柳》诗，至于写于曲阜、承德、京都各地的咏树诗，更难以计数。《古华轩》两首金字匾额，今仍悬于轩中，联匾“长楸古柏是佳朋，明月清风无尽藏”，也珍藏于此。

古华轩前的古楸树，似乎从未忘却自己是乾隆也是人们的佳朋；相反，倒忘记了自己对气候、土壤的要求（如需年平均气温10～15℃，降雨700～1200

毫米）而屈就，习惯了这里的环境，生长得郁郁葱葱。它好像懂得，如挑肥拣瘦，不好好生长，有愧于善待它的人们。

奇松、古槐和菩提树

故宫的松不可多得，仅箭亭附近有一片松林，其他多为零星分布。而给人印象最深的是宁寿门外西侧的一株油松。它高不过数米，而树冠平铺贴地，从中心向四周辐射二三十米，远观近看，像一座绿丘。而从树下仰视，只见虬枝盘曲，重叠交错，变化万千，似欲腾空而去。无怪人们为它起了盘龙松的美名。人们要问，为何平常所见的松树都那样挺拔，而它却别具奇姿，莫非天下无双吗？而到过黄山者，对天海海心亭前那株高仅1米、枝分四股的凤凰松，一定记忆犹新；作过泰山之旅者，也会难以忘记菊林院中那高仅3米、冠如华盖的一品大夫松和玉泉寺北坡距地3.5米生枝、冠幅897多平方米的“一亩松”，就更不用说昌平黑山寨乡那株树高4米而重叠九层的“华北第一松了”。原来，油松的这种形态，虽属奇观，却非独有。形成的原因，有的可能是油松的自然变异形成的变种；或人工定向培植而成；也不能排除气象、土壤诸多因素的促成作用。故宫里的这株的奇松，成因何在？也许它的存在才是回答，正等待有关专家破译哩！

故宫的古槐不多，但株株非凡。御花园中的百年龙爪槐，是槐的变种，用国槐作砧木嫁接而成，小枝扭曲而下垂如苍龙巨爪，树干如巨伞。此树虬曲盘旋，气势宏大，胸径80厘米，覆盖面积80平方米，为御花园一景。西华门的紫禁十八槐是明初修皇宫时栽种的，原树尚存16株，树龄已近600年，树胸围最粗的已达4.7米，三人才可合抱。西华门是旧时西出故宫的重要通道，夹道槐荫，映着如带的金水，北边就是巍峨雄伟的武英殿。这里曾是农民起义军领袖李自成称帝登基之处，清初摄政王多尔衮刚入关时，也在这里理政。

故宫西北角英华殿前，有两株“九莲菩提树”，是明万历皇帝之母李太后亲手所植。400多年来，一直流传着一个故事。说是这位李太后出生在京郊通州永乐店，是富人之女。初入宫时，服侍裕王朱载垕，后生一男。裕王当了皇帝（就是隆庆皇帝），她也被册封为贵妃。这些，她都看成是佛对自己的保佑。这时，黄河多次决口，阶级和民族矛盾并未缓和，刀兵未息，这位新封的贵妃对佛更加虔诚。她暗暗许下心愿，祈求幸福平安。孝安陈皇后多病无子，李贵妃与她十分和睦。隆庆帝这时正考虑立太子之事。宫中意见分歧，有的认为，立长不立幼是祖训，李贵妃之子朱翊钧为第三子，不宜立为太子；也有的认为，李贵妃早年即入侍裕王，仁厚平和，其子幼年聪慧，应立嫡不立庶，朱翊钧为嫡出，应立为太子；甚至还有传言朱翊钧非李贵妃所生。李贵妃左右的人出了主意，请她当众在英华殿前种下几粒菩提树种子，求上苍做主，如种下去菩提树成活，就证明朱翊钧为她亲生，应立为太子。不久，种子萌芽长出的果然是菩提树的幼苗。当年，即1568年，隆庆帝立翊钧为太子。李贵妃觉得，这是佛的灵验，也是上苍的安排。朱翊钧当了皇帝，改年号为万历，当年的贵妃也被尊为慈圣皇太后。由于她好佛成性，人称她为“九莲菩萨”，这树也就叫做“九莲菩提树”。种菩提的事，显然是李贵妃手下人做的手脚，将华北地区常见的蒙椴，亦称小叶椴，学名 *Tilia mongolica* 的种子当做菩提子。

假定当年播下的真是菩提子，肯定长不出苗来，这个故事也要另编了。

文 /莫容

（科普作家）

景山西街与陟山门街溯往

在北京中心地带，有两条颇有名气的古老街道，呈90°垂直相交，一名景山西街，一名陟山门街。二者阅尽春色，饱经沧桑，相互依伴了近600年。现就所知予以展示，以就正于同道方家。

要谈景山西街，必先谈景山。景者，大也。其地处北京城中轴线上，原为元、明、清三代皇家御苑。山形高耸，树木蓊郁，风光秀丽，气势壮观，为城内登高远眺之最佳去处。回溯至600余年前的元代，其仅为一矮小土丘，名“青山”。传明初兴建紫禁城时，曾在此堆放煤炭，故有“煤山”之俗称。明永乐年间，成祖朱棣大兴土木，开挖护城河，将大量泥土堆积于此，山体日增，气势渐大，曰“万岁山”；又以坐北护南，为大内之依傍，而得名“镇山”。山下多栽果木，园中遍植花草，帝王后妃、王公大臣时常来此赏花，习箭、饮宴、观景，素有“后花园”之称。

明清两代，景山属于皇家禁苑，围墙高耸，气势森然。而墙外有四条街道围而包之，曰景山前街、后街、东街、西街。景山西街南北走向，北起景山后街，南至景山前街，南端西侧为大高玄殿，其东侧是景山公园西墙，西墙之下为玉河，水从北海流出，向东折至恭俭胡同南口，沿景山公园西墙向南流入故宫筒子河，新中国成立后，上加盖板，成为暗河。河北端原有二桥：一东西向，在景山西街与景山后街相交处；一南北向，在恭俭胡同南口。清朝时，该街以桥得名，曰“石板桥街”；民国时期，曾简称“西板桥”。1965年，以其位于景山西侧，定名“景山西街”。此街两侧多百年古槐，至今仍枝繁叶茂，生机盎然，见证着北京城悠久的历史，宏富的蕴涵。

而谈陟山门街，必先谈北海白塔山。北海御苑，最早建于辽代，称“白莲潭”，并建有“瑶屿行宫”及“广寒殿”；金时，在辽代遗址上建琼华岛；元时，曾大兴土木，扩建琼华岛，重建广寒殿，易名为“万寿山”；明代因之。清顺治时，应西藏喇嘛恼木汗之请，世祖福临在广寒殿的废址上诏建藏式白塔，在塔前建“白塔寺”，乾隆时，更名为“永安寺”。此藏式佛塔造型精美，异常醒目，山以塔名，称为“白塔山”。至此，北海苑囿历经四代经营，最为精致典雅。陟山门街便是连接景山与北海两大经典苑囿之通道。其东西走向，长200余米。按明清习俗，九月初九重阳节时，皇帝要登高远眺，此街便成皇帝登山专用御道。因其为连接景山西街与北海陟山门之横街，故以陟山门而得名。陟山门者，北海之东门也。陟乃登高之谓。由此门入北海，迎面即白塔山，入门仰望，白塔兀然高耸，仿佛天界。漫步走过陟山桥，琼华岛即在面前。拾级而登，陟山可也，故得此名。清宣统时，称“陟山门大街”，民国初年，曾简称“陟山门”，后又改回宣统时所称的“陟山门大街”，1965年定名“陟山门街”。此时，置身于湖光塔影、翠柏苍松之间，流连于小街市井、大宅小店之侧，常有时空交错之感，思古幽情不禁油然而生。

民国时期，此街东口与景山西门马路之间，隔有一堵红墙，中间留有一个豁口。20世纪80年代，为疏导交通，方予拆除。当年从此豁口走过陟山门

◎景山西街

街，映入眼帘的第一个大宅门，就是位于路北的清朝稽察内务府御史衙门。尽管时过境迁，至今说起这座宅院，人们仍简称其为“大衙门”。

大衙门是目前京城中保存最为完好的一处衙署性建筑。因明清两朝的兵、户、吏、礼等部衙署，大都位于当今天安门广场两侧，已消失得无影无踪。稽察内务府御史衙门，却因位置隐蔽，得以幸免，院内布局及建筑保存基本完好。

此衙门成立于乾隆三年（1738年），隶属内务府。其具体职责主要是稽察和注销内务府所属各司、院每年所用钱粮的具体数目。其方位坐北朝南，为一座三进四合院，而又与一般民居四合院在规制上大有不同。除正房、厢房格外高大外，还有两个显著的特点：一是其院门不是开在院子的东南角，而是开在院子的南面正中而类似王府，院门为三间一启门，门洞与西侧倒座房（共三间）连在一起；二是在院落的西南角和东南角，各有拐角式房屋三间，这类形式在京城的公私建筑中，十分罕见。从正面看，衙署建筑左右平缓，中间隆起，居中开门，颇如王府般雍容，可折射出当年内务府属官之权势。此外，在衙门西侧，还建有一座花园。院内尚存太湖石堆成的假山和数株生机盎然的苍松翠柏。20世纪20年代，故宫博物院成立，此处成为该院附属建筑，用于存放宫中物品。中华人民共和国成立后，成为该院职工宿舍。已故明清档案专家、现代语言学家张德泽先生曾居住于此。

随着陟山门街的更新改造，有关部门已制定出规划，拟将此处进行腾退，设立皇城衙署博物馆，这样不仅能增加旅游景点，同时亦可与周围众多名胜古迹连成一片，有利于形成拥有皇城特色的历史文化旅游区。

陟山门街还有一处皇家生活设施，名曰冰窖。位于此街中段北侧的雪池胡同。这是一条南北走向的胡同，北边高南边低，胡同里有六座冰窖，专属皇家。据《大清会典事例》记载：紫禁城内，设冰窖五；景山西门外，冰窖六；德胜门外，冰窖三；正阳门外冰窖二。分藏京河通州龙王堂、莲花池等处之冰。

雪池胡同的六座冰窖，属皇家御用冰窖。储存之冰，夏季专供皇宫中消暑降温，食品的防腐、冷藏之用。冰窖所贮之冰，全部采于太液池，即当今中南海和北海水面。考雪池冰窖，始建于万历年间。过去，每逢深秋，太液池均需排干清淤，涮池换水，以备隆冬三九时采冰之用。采冰一般都是在夜里，工人们拿着冰镐、钩连枪一类工具，在严寒中采冰。此类工作一直延续到新中国成立后，现代化制冷工具普及之前。几十年前，采冰工具和工作条件逐步改善，安有铁轨叫冰车，一按电钮采好的冰能叫到山上，然后再放下来，放一层冰铺一层稻草。这样贮冰，直至第二年盛夏均不会融化。临近冰窖的地面建筑之中，温度降低很多，夏季自然凉爽，是酷夏避暑理想之地。据说慈禧太后在颐和园未完工前，就曾在北海濠濮涧避暑，这里山清水秀，还有冰窖降温，舒适惬意。雪池冰窖窖顶上，全部覆盖黄琉璃瓦，冰窖上层地面，采用大城砖砌成，窖内结构全部为拱形建筑，冰窖窖基十分坚实，窖底用柏木树干打桩，由石帮石底砌成。20世纪50～60年代，冰窖还为北海仿膳储存肉类、蔬菜、水果等。尤其难能可贵者，雪池冰窖从万历年间至今，历经500年而保存完好，真是奇迹一桩，且属纯天然无污染之生态工程。而京城其他几处冰窖，大多坍塌或被拆，只有此处的两座冰窖硕果仅存，见证着先人的勤劳与智慧。冰窖附近，还建有窖神殿，而窖神竟是济公和尚。旧时，不仅冰窖，砖窑、煤矿等行业，也供奉济公和尚为窖神、窑神。这位佛教史上最富传奇色彩的名僧，不仅留下了诸多家喻户晓的神奇故事，还被祀为冰窖之神，护佑从业者生意兴隆与人身安全，足令今人感慨。

街南侧有条胡同，其南起景山前街，北止陟山门街，名大石作胡同，资格甚老。所谓“石作”，即生产加工各种建筑石材。传统建筑与街道，用石料之处甚多，此行业需求巨大，生意兴隆，聚而久之，竟成规模，胡同因之而成，并得其名。

陟山门街不历史悠久，内涵丰富，且人文荟萃，掌故甚多。其间不时浮现出名士身影，名媛芳踪。陟山门街临近北海东门处，有一处西式门楼的宽大院落。进门处原有宽大的空场，最北端是一排西式平房，东侧是一座盖于民国初年的二层仿古楼房，而西侧，则建有几个四合院式平房院落。平房院落曾是国立北平图书馆的员工宿舍，著名学者、史学大家顾颉刚先生曾卜居于此。据《顾颉刚年谱》载，1926年，先生写那篇有名的《〈古史辨〉自序》时，恰逢直奉两系军阀大战。上午旁观飞机投弹，晚上饱听隆隆炮声。先生写道：“我的寓所在北海与景山之间，这时竟成了飞机投弹的目标。我乐得其所，终日埋头在书房里，一天一天地从容不迫地做下去，心中想什么就寻什么，实足等了两个月，成了这篇长文——成有生以来的最长最畅的文。”先生居于陟山门街的这段经历，因《古史辨》之问世，而被定格为永恒瞬间，走入历史。

1995年，进入暮年的当代著名历史地理大家谭其骧先生，亦曾深情回忆起曾居住在陟山门街时的依稀往事。20世纪30年代，先生在燕京大学完成硕士学业后，就职于北京图书馆，任馆员，馆员宿舍即在陟山门街。他每月可收入60元，同时又在辅仁、燕大等处兼课，课余经常撰写小文，不时发表，几项下来，每月收入着实不少。一个人生活，基本不起伙，因此吃遍了陟山门周围的各处小馆，而一顿饭之开销，几毛钱足矣。有些廉价小馆，甚至连几毛钱都用不了，几分钱便可饱餐一顿。出门坐车，也很便宜，骆驼祥子般健壮的小伙子拉洋车，说去哪儿，就拉到哪儿。从陟山门北的宿舍上车到东安市场，亦不过七个铜钱而已。由此可见，像当年谭先生这样的读书人，可终日享受着吃小馆、看闲书、逛书店、听京戏、逛公园，悠闲自在、无虑无忧的生活。

此外，著名教育家胡适先生曾在陟山门街6号院（现7号院）短暂居住。前述雪池胡同2号院，曾是号称“民国第一才女”的建筑学家林徽因的家。雪池胡同中走出冰雪聪明之女子，亦可称为美谈。清末重臣、内阁大学士张之洞老翰林，曾居住于大石作胡同。

如今的陟山门街，已定位为明清步行古街，地面铺设仿古青砖，两侧多为仿古风格建筑，商户鳞次栉比，门店精巧富丽，主要经营干果糕点，饭店酒家相连，食客游人如织。每逢节日，尤其是春节，此处更是摩肩接踵，结彩张灯，街边小店生意兴隆，通宵达旦。而街道两侧仍存有劫后余生的北京胡同，闹中取静，安宁祥和，老北京味道犹存。透过半敞的街门，院内有年逾百年的枣树，和颜悦色的老者，乐感十足的京腔，活泼可爱的孩童，徜徉此地，置身其间，常使人产生“不知今夕是何年”的时空交错之感。

抚今追昔，感慨良多。此刻，耳边回荡着“让我们荡起双桨”的优美歌声，眼前浮现出白衣少年乘船从陟山桥下穿过的清爽身影。颇令人欣慰的是，北京旧城已确定25片历史文化保护区，其中8处位于西城区，上述地区位列其中，将得到永久性保护。笔者坚信，随着国人对传统文化及其载体的保护意识的日益增强，景山西街与陟山门街将吸引更多游客喜爱的目光，展现更强的魅力。

文 /邱永君

（中国社会科学院民族学与人类学研究所科研处处长）

移民纪念树

在亿万明洪武、永乐年间移民的后裔中，有一首流传极广的民谣："问我祖先来何处，山西洪洞大槐树。祖先故居叫什么？大槐树下老鹳（鸹）窝。"这是说大槐树乃至鸟窝是他们祖先故乡的标志，也是寻根问祖的梦里老家。他们的祖先为什么要迁徙？迁到了哪里？为什么产生了对树的情结？北京有这样的树吗？说来还真有，密云县燕落寨的古槐，怀柔桥梓镇口头村的古槐和汤河口镇大榆树村的古榆树就是。洪洞县大槐树，同样也是许多北京人的"根"。

事情要从元末明初说起。元末社会矛盾和民族矛盾日益激化，农民起义，战乱连年，自然灾害接连不断。城野空虚，"积骸成丘，居民鲜少"（《明太祖实录》）。明初，朱元璋和朱棣决定在全国范围内实行移民屯田、奖励开垦的战略决策。当时山西大部分地区社会稳定，战乱极少，风调雨顺，人丁兴盛，人口是河北、河南两省人口的总和，朝廷以山西为移民的重点。《明实录》记载，洪武、永乐两朝向京师地区（今北京、天津、河北地区）移民10次，永乐年间占了6次。大规模官方移民是从山西洪洞大槐树开始的。洪洞县是平阳府人口大县，首屈一指的文化鼎盛之区，朝廷派出钦差，迁民局设在洪洞县城，城北二里广济寺和大槐树设局驻点。在此集中移民，编排队伍，发放川资。那时的移民，不像今天欢天喜地、车船迎送的百万三峡移民那样风光，贫苦的农民拖儿带女，离乡别井，到遥远陌生的他乡安家落户，前途渺茫。他们启程之时，一步一回头，直到大槐树和树上的老鹳窝慢慢在视野中消失。有些强制迁徙迁移户、犯罪迁徙户被绳索捆绑着，大小便时要请求松绑，这就是"解手"一词的由来。到达后给耕地、菜地、农具，免税三年。这项措施取得了成功，对后世产生了深远的影响。这才有了海内外移民后裔涌向洪洞县寻根

◎密云燕落寨槐抱榆

问祖的热潮。洪洞县广济寺明时的老槐树早已枯死，现存的是它与同根孳生的第三代幼树。

密云县燕落寨的古槐，既是“燕王扫北”时的拴马树，也是山西移民建村的纪念树。山西移民到北京地区后，居住集中的村落多沿用故乡的“寨”“屯”等村名，这就是燕落寨之名的由来。相传明太祖朱元璋的第四子朱棣，初封燕王，镇守北平，在北方多次击溃元军残部，并使元丞相归降。一天朱棣领兵来到潮白河畔的一个山村（后称燕落寨），人困马乏，便把战马拴在一株槐树上休息，将自己的战袍随手挂在树枝上。燕落寨也因此成了一个屯兵点。后来移民们将此树称为拴马树或挂甲树。史载1396年燕王朱棣统兵巡大宁，越滦河，出长城，路过滦河畔的这个村庄是完全可能的。曾几何时，古槐有了三重身份，分杈处又长出一棵榆树，应了老百姓的一句吉祥语：“怀中有余”（或“怀中抱余”），果真，老百姓从此安居乐业了。

怀柔区有两株移民纪念树，一株是汤河口镇大榆树村的古榆，另一株是桥梓镇口头村的古槐。据大榆树村的老人讲，这里原来叫黑柳沟，三水汇流，沟里生长着黑皮柳树，周围四座山都是原始森林，因此是“三龙四虎”的风水宝地。当年辽兵曾在这里安营扎寨。明代某年，已经移居到密云或怀柔的几户山西移民，辗转来此，见这里青山绿水，便在靠近一棵大榆树的空旷平地上定居下来，伐木烧炭，开荒种地，村名由此叫大榆树村。好山好水养育了一方百姓，这里真的是人“吉”地灵。当地人均寿命在75岁左右，而现在这个村在85岁以上，90高龄的人不在少数，最长寿的103岁，是远近闻名的长寿村。大榆树下的一副对联说得好：“古榆根深，枝繁叶茂，千年不老吉祥地；今逢盛世，睦邻祥和，万代康宁长寿村”。

桥梓镇口头村的古槐据说是移民从山西洪洞县带来栽植的。此树还与战斗英雄董存瑞有过接触。1947年冀热察独立2团2营6连班长董存瑞曾在古槐下站岗放哨。1948年董存瑞在承德地区的隆化战役中，舍身炸毁敌方碉堡，扫除了战友前进道路上的障碍，成为全国家喻户晓的战斗英雄。

定居外地的山西移民，和密云县燕落寨、怀柔区的大榆树村及桥梓镇口头村那样，常用槐榆来表达对远祖的纪念。例如湖北南漳县西长坪镇山西村，居住的多是从洪洞县迁来的李姓移民，明嘉靖年间来此地后，便在村头及附近栽植了大批槐树。一位李姓祖先在一株古槐体内，镶了一块石碑。年深日久，石碑完全包入树内，碑文内容已不知其详。1891年，李姓村民又在村头栽下一株大槐树，并在树干高2米处的体内，照样嵌了一块石碑，名“镶碑古槐”，碑文叙述了李姓祖先从洪洞县移居至此的经过。现石碑已陷入木质部5厘米，碑文清晰可见，成了当地“双槐一碑”的人文景观。

现在既然知道北京也有移民纪念树，真值得进一步调查研究，它的开发前景是不可限量的！

文 / 胡洪涛、杜宗海

（均为《景观》杂志通讯员）

蓟门烟树与金台夕照

有人说古迹传说多是文人粉饰之词，燕京八景之中的蓟门烟树和金台夕照两景就是由文学形象和历史故事演变成的风景名胜。唐代边塞诗中有不少题咏蓟门和黄金台的名篇，或慷慨悲歌，或愤世嫉俗，都是借写景以抒发情感。

北京最早的名称是蓟城。蓟是一种多年生草本植物，蓟城以蓟草多而得名。在唐代蓟城是一座军事重镇，被称为蓟门，所以说蓟门也不是一座城门。正因为不是实体地名，其位置也是众说纷纭。以蓟门命名的景观出现在元代，当时叫做蓟门飞雨或者蓟门骤雨。以此为题的诗文描写的也都是暴风骤雨的场面，而不是具体景物，宋无《客燕雨怀诗》中说："蓟门飞雨布袍泥，游子魂销几梦归。"写的是往来于大都的经历，"非以写蓟门之春光"。

蓟门飞雨名称在明初被改为蓟门烟树。"蓟门烟树"源于唐人李益诗句"蓟门烟树远依依"。《北京八景图诗》中说："树木蓊然，苍苍蔚蔚；晴烟拂空，四时不改，故曰蓟门烟树。"

依据史料记载，明代的蓟门烟树景观经过了漫长的时空变幻，最终被定格在今天的德胜门外元土城遗址。其原因是象征门的土阜保存完整，而且"旁多林木，蓊郁苍翠"，自然环境符合蓟门烟树诗情画意的境界。

清代，乾隆皇帝沿用了明朝蓟门烟树的景观，并在原址上竖立起了蓟门烟树碑。乾隆在《蓟门烟树》诗中说，"梵钟欲醒红尘梦（觉生寺大钟在此北），断续常飘云外楼。"这口"欲醒红尘梦"的梵钟铸造于明初永乐年间，重九万三千斤。钟声宏亮悠长，几十里外都能听到其悦耳动听的声响。

如遇每年重阳节，市民出城登高远眺，南到天宁寺、北到蓟门烟树，远到西山八大处，赋诗饮酒，烤肉分糕。蓟门烟树已成为燕京八景之中最平民化的去处。

金台夕照的名称虽有些文学色彩，但内涵是起源于燕昭王的故事。战国时，齐国军队攻入燕国都城，杀死国王，将城里抢掠一空。齐军退走后，新即位的燕昭王广招天下英才，以图报仇雪耻。谋士郭隗给他讲了个故事，说有一位国君想用千金买一匹千里马，三年也没买到。有人自告奋勇说能买到，三个月后此人用五百金买回一具马骨头。国君非常气愤，买马的人从容地回答说："对死马都能高价买进，更何况活马呢？只要您真心爱马，千里马就会送上门来。"果然不出一年这位国君就得到三匹千里马。郭隗献计说："大王想招贤，不妨先把我当做马骨头养起来。您能崇敬我，比我强的贤士就会不远千里而来。"于是燕昭王拜郭隗为师，为他修筑了豪华的住宅，还经常去向他请教。燕昭王真心招贤的消息传遍天下，有才学的人纷纷来到燕国，最有名的是乐毅。经过长期准备，燕昭王拜乐毅为上将军，率军攻打齐国，攻占了齐国都城临淄等七十余城。

后世把燕昭王作为礼贤下士的楷模，这段历史演变成昭王筑台拜将，成为史实加虚构的演义版。到了金代，人们仰慕燕昭王礼贤下士，在中都城内也建起一座黄金台。《北京八景图诗》说："后之游者往往极目于斜阳古木之中，徘徊留恋，以寄其遐思。土人称为贤台，亦称燕台。"

◎蓟门烟树

随着时间的推移，人们又把黄金台"搬到"了朝阳门外，乾隆皇帝在朝阳门外苗家地树起金台夕照碑。乾隆解释说：或许燕昭王访贤心切，置黄金于台上，原本就不止修筑了一处。

将金台夕照碑立在这里的原因，民间有个传说。朝阳门外有一家姓苗的富户，种地千顷，骡马成群，人口众多。乾隆微服私访来至附近，见苗家风水旺盛，恐怕对国家不利，于是想出一个办法来破坏苗家的风水，在他家以东找个地势高的地方，面向正西树起一座石碑，御书“金台夕照”四个大字，因为禾苗怕火，经常用日光照射，就不能发展了。日落之后别处见不到日光了，因为树碑处地势高，向西遥望还能看见红光一片。后来苗家果然败落了。土地收归官有，作为官兵操练之用，这就是后来的苗家地。

北京共有四处因名中有金台或者夕照而被附会为金台夕照的景点。其他三处，一处无台无景，一处无台有景，一处有台有景。

无台无景的是东晓市大街的金台书院。这里原来是降清明将洪承畴的赐园洪庄。康熙年间顺天府想租借园内空地建书院，洪氏后人不同意。府尹想出一个办法，假借洪氏名义上书，说愿意捐地建学，康熙皇帝大为赞赏，钦赐“广育群才”御书匾额。洪家人不敢再争，洪庄就这样变成了金台书院。

无台有景的是灯市口二郎庙。夕阳西下时，站在殿前可以看见院内云霞辉映。清末，有一条狗进到殿里，卧在香案上，人们以为是二郎神的神犬显圣，来此焚香礼拜的昼夜不绝。官兵挥动鞭子驱赶，才得以平息。

有台有景的是左安门内夕照寺。庙前有个五丈来高的土丘，人说是燕昭王筑台拜将的遗址，还有一条小河可以泛舟。夏天登台远望，只见岸柳成行，翠盖十余里。寺旁有三五户居民，每当夕阳西下，炊烟缕缕不绝，被映成丹霞色，映在庙墙之上，诗意绝佳。

与燕京八景之中的其他山川胜迹和名胜古迹不同，蓟门烟树和金台夕照两处景观是用诗词和故事演绎出来的、建在古代知识分子和民众心灵深处的胜迹。说是无中生有也好，弄假成真也罢，所营造的是一种扑朔迷离的朦胧之美和历史悠久的文化之美。

文 /李鸿斌

（东城区园林局工作人员）

图书在版编目（CIP）数据

公园故事：园林文化与管理 / 崔雅芳主编. -- 北京：
中国林业出版社，2014.8（2019.06重印）

IISBN 978-7-5038-7603-5

Ⅰ. ①公… Ⅱ. ①崔… Ⅲ. ①公园－北京市－文集
Ⅳ. ①K928.73-53

中国版本图书馆CIP数据核字(2014)第171193号

中国林业出版社·建筑分社

策　　划：邵权熙　纪　亮
责任编辑：李丝丝　樊　菲　王思源
书籍设计：德浩设计工作室

出　　版：中国林业出版社
（100009 北京西城区德内大街刘海胡同 7 号）
网　　址：http://www.forestry.gov.cn/lycb.html
电　　话：(010) 8314 3610
发　　行：中国林业出版社
印　　刷：固安县京平诚乾印刷有限公司
版　　次：2015年1月第1版
印　　次：2019年6月第2次
开　　本：1/16
印　　张：13
字　　数：200千字
定　　价：32.00元